U0693215

灵秀榆村

胡守志　主编

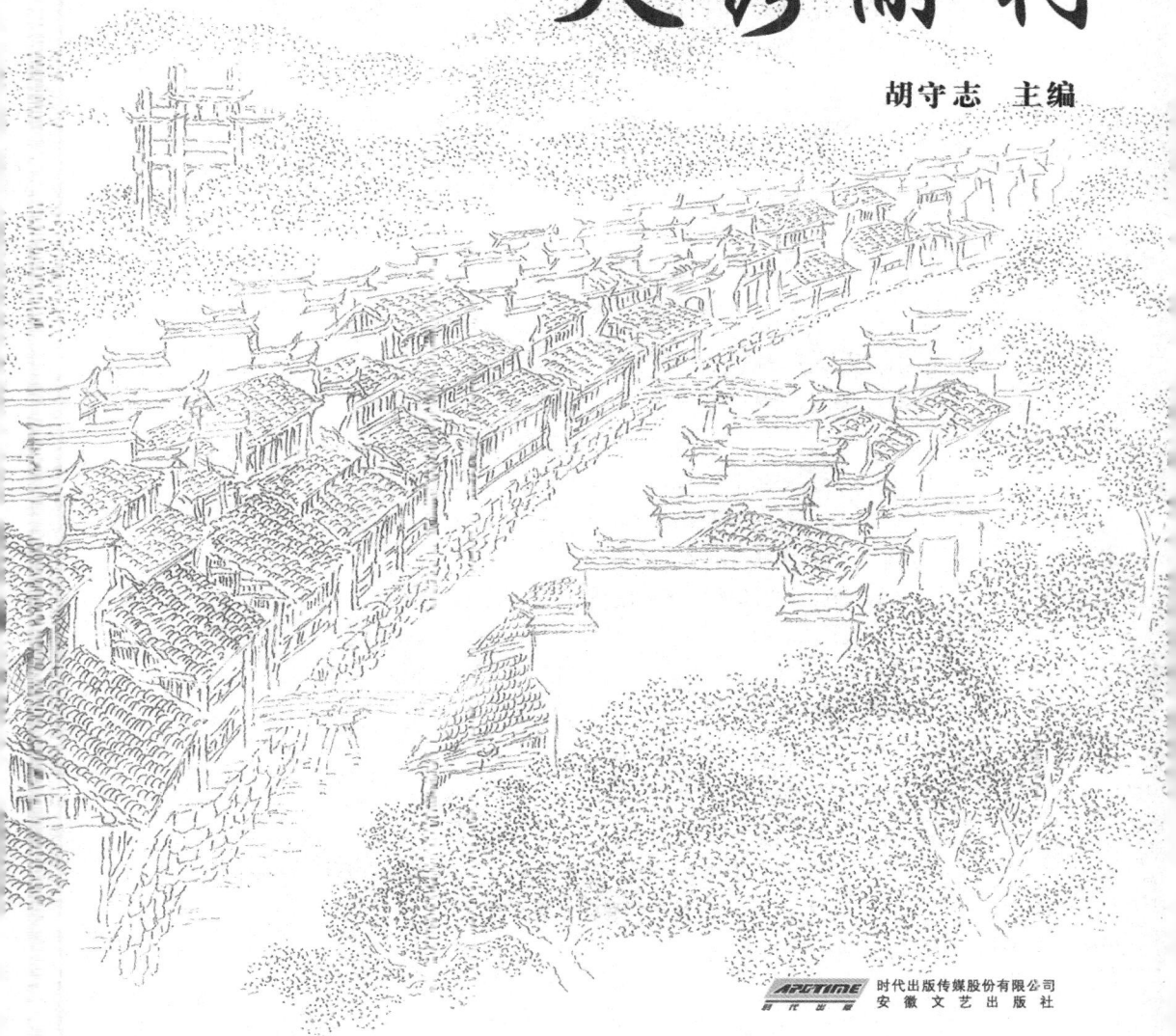

ARTTIME
时代出版
时代出版传媒股份有限公司
安徽文艺出版社

图书在版编目（ＣＩＰ）数据

灵秀榆村/胡守志主编. 一合肥：安徽文艺出版社，2016.6
（2023.4 重印）
ISBN 978-7-5396-5692-2

Ⅰ．①灵… Ⅱ．①胡… Ⅲ．①随笔－作品集－中国－
当代 Ⅳ．①I267.1

中国版本图书馆 CIP 数据核字(2016)第 044757 号

出 版 人：姚 巍
责任编辑：周 丽　　　　　　装帧设计：雷维新　褚 琦
....
出版发行：安徽文艺出版社　　www.awpub.com
地　　址：合肥市翡翠路 1118 号　　邮政编码：230071
营 销 部：(0551)63533889
印　　制：阳谷毕升印务有限公司　　　(0635)6173567
....
开本：710×1010　1/16　印张：16　字数：150 千字
版次：2016 年 6 月第 1 版
印次：2023 年 4 月第 2 次印刷
定价：42.00 元
....
（如发现印装质量问题，影响阅读，请与出版社联系调换）
版权所有，侵权必究

守望榆村 / 倪受兵 摄

岭脚之春 / 倪受兵 摄

郑湾小景 / 倪受兵 摄

太塘茶园 / 倪受兵 摄

灵秀榆村 / 倪受兵 摄

徽开古道 / 倪受兵 摄

古道背包客 / 倪受兵 摄

岭脚梯田 / 倪受兵 摄

榆村板龙 / 倪受兵 摄

端午龙香 / 倪受兵 摄

龙腾榆村 / 朱国庆 摄

节日榆村 / 倪受兵 摄

采茶 / 倪受兵摄

收香菇 / 叶天寿摄

春耕 / 倪受兵 摄

田间 / 倪受兵摄

下田去 / 倪受兵摄

廊亭街 / 朱国庆摄

榆村馄饨 / 倪受兵 摄

廊亭叙旧 / 倪受兵 摄

目 录

序

历史篇

钟灵毓秀话榆村 …………………… 1

千年古村韵悠悠 …………………… 6

一山春水出藏溪 …………………… 11

人文老屋春和堂 …………………… 16

太阳桥逸事 …………………… 20

隐藏在富溪坐标上的密码 …………………… 25

榆村历史人物 …………………… 30

文化篇

品味汪士慎 …………………… 33

程一枝与他的《程典》 …………………… 38

人生似锦堪裁剪 …………………… 42

孙锐的砚雕艺术人生 …………………… 46

榆村的三大庙会 …………………… 49

廊亭街上商号多 …………………… 54

传奇篇

太塘御牌楼传奇 ⋯⋯⋯⋯⋯⋯⋯⋯⋯⋯⋯⋯⋯ 62

节孝牌坊历险记 ⋯⋯⋯⋯⋯⋯⋯⋯⋯⋯⋯⋯⋯ 66

辛峰塔的由来 ⋯⋯⋯⋯⋯⋯⋯⋯⋯⋯⋯⋯⋯⋯ 70

故事篇

鲤鱼与铁锅 ⋯⋯⋯⋯⋯⋯⋯⋯⋯⋯⋯⋯⋯⋯ 75

新迎房 ⋯⋯⋯⋯⋯⋯⋯⋯⋯⋯⋯⋯⋯⋯⋯⋯ 77

竹篮挑水 ⋯⋯⋯⋯⋯⋯⋯⋯⋯⋯⋯⋯⋯⋯⋯ 80

湖驾天仓 ⋯⋯⋯⋯⋯⋯⋯⋯⋯⋯⋯⋯⋯⋯⋯ 82

山水篇

榆村十景 ⋯⋯⋯⋯⋯⋯⋯⋯⋯⋯⋯⋯⋯⋯⋯ 84

一个敬畏自然的村庄 ⋯⋯⋯⋯⋯⋯⋯⋯⋯⋯ 88

水灵榆村 梦里原乡 ⋯⋯⋯⋯⋯⋯⋯⋯⋯⋯ 92

太塘风水别样看 ⋯⋯⋯⋯⋯⋯⋯⋯⋯⋯⋯⋯ 97

徽开古道,始于岭脚 ⋯⋯⋯⋯⋯⋯⋯⋯⋯⋯ 100

躺在黄金炕上的下坑 ⋯⋯⋯⋯⋯⋯⋯⋯⋯⋯ 103

人物篇

山林隐士汪若楫 ⋯⋯⋯⋯⋯⋯⋯⋯⋯⋯⋯⋯ 105

糕点大师程积如 ⋯⋯⋯⋯⋯⋯⋯⋯⋯⋯⋯⋯ 109

新安名医程六如 ⋯⋯⋯⋯⋯⋯⋯⋯⋯⋯⋯⋯ 112

巾帼茶商程春仙 ⋯⋯⋯⋯⋯⋯⋯⋯⋯⋯⋯⋯ 115

农民戏友周金清 ⋯⋯⋯⋯⋯⋯⋯⋯⋯⋯⋯⋯ 119

时节篇

元宵灯会 ⋯⋯⋯⋯⋯⋯⋯⋯⋯⋯⋯⋯⋯⋯⋯ 122

清明土风 ⋯⋯⋯⋯⋯⋯⋯⋯⋯⋯⋯⋯⋯⋯⋯ 125

立夏纪事 ⋯⋯⋯⋯⋯⋯⋯⋯⋯⋯⋯⋯⋯⋯⋯ 129

端午习尚 ⋯⋯⋯⋯⋯⋯⋯⋯⋯⋯⋯⋯⋯⋯⋯ 132

中秋夜话 ⋯⋯⋯⋯⋯⋯⋯⋯⋯⋯⋯⋯⋯⋯⋯ 135

重阳俗信 ⋯⋯⋯⋯⋯⋯⋯⋯⋯⋯⋯⋯⋯⋯⋯ 141

腊月风情 …………………………………………… 145

年俗杂记 …………………………………………… 149

民俗篇

繁文缛节的婚嫁旧俗 ……………………………… 154

生儿育女话乡风 …………………………………… 159

寿辰礼俗琐记 ……………………………………… 164

近代殡葬习俗 ……………………………………… 168

求雨旧俗杂忆 ……………………………………… 174

民宅建筑风俗谈 …………………………………… 177

商家与财神 ………………………………………… 181

风物篇

方言记趣 …………………………………………… 183

乡谚俗语采风谈 …………………………………… 188

榆村歌谣录 ………………………………………… 194

龙之舞 ……………………………………………… 199

去榆村看塔 ………………………………………… 202

富溪仗鼓美名扬 …………………………………… 205

特产篇

物华天宝土特产 …………………………………… 208

小吃大拼盘 ………………………………………… 213

榆村馄饨飘香 ……………………………………… 219

后 记 ……………………………………………… 223

序

　　这是一个充满木香的村落，每一寸土地都散发着草木的气息。

　　这是一个氤氲书香的村落，明朝书画大家董其昌在此坐馆授业。

　　这是一个忠孝传家的村落，"恩谙松筠"坊几经波折，不离不弃，树立了道德的丰碑。

　　在这片神奇而美丽的土地上，还有多少不为人知的"秘密"？《灵秀榆村》一书给了我们最好的解答。

　　榆村，或许你并不陌生，但我肯定你也并不熟悉。你可能知道它坐落在"中国第一状元县"安徽省黄山市休宁县的东南部，地理位置优越，距离黄山市中心城区仅7公里，为屯溪、休宁和歙县三县接壤处，交通十分便捷，但是你未必了解它悠久的历史和深厚的底蕴，你听说过宋代的秀山书院，明代的辛峰塔、紫宸近侍坊，清代的节孝坊吗？它们或清幽，或巍峨，或悲壮。一座座古建筑将漫漫的旧时光聚拢其中。借着《灵秀榆村》的力量，我们才能踏寻这幽幽古道，仰望苍苍古树，徜徉在长长的古街上，感知着非比寻常的榆村，用心体悟千年古村的历史沧桑。

　　说实话，这么多年来我去榆村乡的次数并不多，只是因为在宣传部门

1

工作的缘故,加之该乡有关负责同志的热情邀请,我勉为其难,答应为这部厚重的《灵秀榆村》写点不成章法的赘语,以不负诸君的期待,同时也成全了自己一次快意的阅读之旅。

通读全书,十五万字,洋洋洒洒,分为历史篇、文化篇、传奇篇、故事篇、山水篇、人物篇、时节篇、民俗篇、风物篇和特产篇等 10 个章节,近 60 篇文章,较为详尽地叙述了榆村乡的古往今来、奇闻逸事。胡守志先生的《太塘御牌楼传奇》让人读来,不禁感慨万分,太塘才子程元化的官海沉浮令人心酸、扼腕,悲从中来;同样是胡先生笔下的《节孝牌坊历险记》又将徽州女人——富溪村程氏的不幸与高洁、柔弱与坚强书写得淋漓尽致,让人心生怜悯与敬仰;而《辛峰塔的由来》一文则将明代光禄寺署丞、徽州巨贾榆村程爵与大学士许国的深厚渊源娓娓道来,让人真切地感受到慈善与正义、友情与乡情的亘古力量。俞群先生写《程一枝与〈程典〉》,既写出了一位影响中国学术界的明代学者程一枝,又写出了徽州历史上著名的家族谱牒《程典》的弥足珍贵,这是太塘人的荣光,亦为程氏的骄傲。另外,《隐藏在富溪坐标上的密码》《水灵榆村 梦里原乡》《太阳桥逸事》等篇章皆凸显着浓浓的榆村风情,展现这方水土的独特魅力。

展卷《灵秀榆村》,榆村好山好水好风光。七桥映月,屏风夕照,黑虎卧坛,夜半钟声,双龙戏珠,凤坞甘泉,柳中牌楼,双连古井,辛峰宝塔,赢峰积雪……昔日的"榆村十景"今犹在,该书以朴实厚重的笔意勾勒出一幅幅钟灵毓秀的迷人风景,正如陶潜诗云"暖暖远人村,依依墟里烟。狗吠深巷中,鸡鸣桑树颠",一派恬静美好的田园风光尽现于眼前。我们借着书香的翅膀,踏上榆村这方灵秀的山水,自然与人文交融的美好诗章跃入眼前,点化了我们的智慧,拓展了我们的时空。

"失之东隅,收之桑榆"。阅读《灵秀榆村》,1200 多年的榆村,从历史的深处走来,从秀山书院走来,从辛峰塔走来,远山近水皆浅吟低唱,我们仿佛听到了宋代诗人汪若楫在书院吟诗作赋,听到了徽州巨贾程爵与名臣许国的亲昵耳语,听到了青年才俊董其昌教授弟子的琅琅书声……众多美妙的声音在耳畔回响,构筑了一道历史的风景、一曲榆村的绝唱,自然流溢出灵秀的风水。

书香情更浓。有缘阅读这部田园之书，乃人生一大幸事。它恰逢盛世，因缘而生，确为徽州乡土文化的有力传承。沿着这部《灵秀榆村》所指引的方向，我想在读者心中榆村的形象定然会逐渐高大而清晰起来，它仿佛一曲婉转悠扬的乐章，让生长于斯的榆村人在这里追寻到精神的原乡，也让越来越多的关注榆村的人在这里分享到一缕美丽的乡愁。在广袤的大地上，《灵秀榆村》原本就是一部精美的充满芳香的杰作，也愿此书成为点燃榆村文旅结合、启动乡村旅游的星星之火。

最后，由衷祝贺《灵秀榆村》的付梓面世。《灵秀榆村》是榆村乡乃至全县的一件文化盛事和喜事，也是美好乡村建设的一道亮丽的风景线，该书的出版得益于榆村乡厚重的历史底蕴，亦是该乡党委政府的高度重视以及编辑部工作人员和各位作者的共同努力，还有关心、关注榆村乡发展的社会各界人士，感谢大家对榆村乡、对休宁县文化宣传事业的关心和支持，并且真诚地希望大家今后能一如既往地关心、支持我们！

是为序。

汪红纲

（中共休宁县委常委、宣传部部长）

2015 年 10 月

钟灵毓秀话榆村

李大庆　张云清

　　榆村乡位于休宁县东南部,北、东两面分别与屯溪区阳湖镇、歙县王村镇和石门乡交界,西、南两面分别与东临溪镇、源芳乡、白际乡相邻。榆村乡境,清代时属黎阳东乡二十一都,民国时期属第二区,1949 年初成立榆村乡属藏溪区,1953 年改为榆村区,1955年 12 月并入临溪区。1956 年兖山渠村划归屯溪市,歙县的溁驾村划入休宁县。1958 年 10 月改公社制,榆村为生产大队,属临溪卫星人民公社。1961 年恢复区,榆村为公社。1983 年4 月恢复乡镇制,又改为榆村乡,乃归属临溪区。1992 年撤区并乡,榆村乡与郑湾乡合并。1994 年郑湾划出成立

太塘紫宸近侍坊

办事处,后又恢复乡。2004 年全县乡镇区划调整,郑湾乡的酒店、藏溪、文田、岭下等 5 个村并入榆村乡(万金台村并入源芳乡)。全乡总面积 58.8 平方公里,辖 7 个行政村 60 个村民组,人口 1.05 万,距黄山市政府所在地屯溪仅 7 公里,距徽杭高速 2、3 号出口 3.5 公里,距黄山机场 10 公里,距汽车客运总站 8 公里,距黄山高铁站 15 公里。从屯溪市区坐 16 路公交车可直达榆村乡,交通便捷,区位优势明显。

北纬 30°的神秘乡村

榆村地处北纬 30°线附近,是一片神奇的土地。南部有元宝山、母石山和白际岭,山高林密,峡谷纵横,瀑布泻玉,奇潭幽深,动植物资源丰富,是江南一片秘境。北部有良田千顷的平原,也有婉约柔美的丘陵。春来油菜花开铺金毯,秋时枫叶流丹红千家。溪河如网,塘库如镜,发源于白际岭的藏溪河与发源于威风岭的珮琅河呈"人"字形水系,在富溪双溪口汇合后注入新安江。全乡森林覆盖率达到 83%,生态环境极佳。

榆村春景

人杰地灵的千年乡村

榆村至今已有1200多年历史,钟灵毓秀,名人辈出,十户之村,不废诵读,孕育了灿烂的文化。宋代诗人汪若楫创办了徽州历史上最早的秀山书院;明代学者程一枝力撰《程典》32卷,至今为学术界所推崇,其版珍稀为国家图书馆收藏;白际岭高达150仞的石板路,讲述着明代监生汪致洺乐善好施、斵石修路的义举;辛峰塔的雄姿,演绎着富甲江南的程爵与明代三朝阁老许国之间的传奇;节孝坊的倩影,诉说着清代徽商妇程氏抚孤守节60年的泣血哀荣;书画巨匠董其昌曾坐馆榆村执掌教鞭,"扬州八怪"之一的汪士慎也是从榆村走出徽州、走向世界……

特产丰富的绿色乡村

物华天宝的榆村,盛产粮、油、茶、林。近几年来,大力发展现代农业和特色产业,相继建立了"榆村超级稻""富溪食用菌"和"太塘有机茶"三大基地,取得了丰厚的经济效益,并培育了一批闻名遐迩的名优土特产品:徽木以岭脚村的最佳;竹材以郑湾村的最优;生态鱼以榆村的最鲜;有机茶以太塘的最香;土鸡蛋以藏溪村的最好;山蕨以桃溪村的最纯;富溪村的蘑菇、大棚蔬菜、养生紫山药等绿色食品在市内外供不应求。手工生产的竹雕、竹编、砚雕等传统工艺品也开始畅销省内外。

资源独特的文化乡村

底蕴厚重的历史文化,得天独厚的自然风光,使得榆村的人文景观格外迷人。"辛峰宝塔""柳中牌楼""凤坞甘泉""赢峰积雪""七桥映月""双连古井""夜半钟声""黑虎卧坛""双龙戏珠""屏风夕照",古老的"榆村十景",如诗如画,历史遗韵仍是原汁原味。古桥、古亭、古井、古街、古道、古树及古村落、古水口、古埠头、古要塞、古石窟依稀可见,所隐藏的历史信息极其丰富,"小桥流水人家"的景致,令人仿佛置身于世外桃源。依托4座水库,70余口山塘着力打造百钓塘,并已逐渐成为休闲垂钓的热点;岭脚村作为"徽开古道"的起点,农家乐乡村生态游已开始起步;"登千年古道,阅一山春色"的特色旅游,颇受大江南北驴友们的青睐。

民风淳朴的特色乡村

入境问禁,入乡随俗,榆村的廊亭街是乡风民俗的展示厅。做喜事,看新郎背新娘,"走马""传袋"喜洋洋;办丧事,听农妇长歌当哭"送丧",孝子贤孙悲切切。端午节插艾叶,烧白芷,撒雄黄,跳钟馗;中秋夜舞香龙,赏月之后去"摸秋";重阳日登高辛峰塔,执茱萸,品菊花;腊月先吃腊八粥,而后杀年猪、打年粿、做豆腐、捉塘鱼,欢欢喜喜办年货。更有村人期盼的每年的元宵龙灯会,龙为板龙,每板六尺长,板上扎一马鞍形龙身,内点三支蜡烛。舞龙的场面十分壮观:龙头四人抬,前有流星、火牌、大开锣清道,龙尾有各色灯彩殿后,伴有雄壮的仗鼓助威,闪烁的烛光汇成了一里多长的"火龙";龙到廊亭街,所到之处流金溢彩,鞭炮声、喝彩声震耳欲聋,仿佛要把整条街道都抬了起来。2015年元宵夜,榆村乡有四条板龙、滚龙争奇斗艳打擂台,那种全村参与、万众同乐的盛大场面,成为黄山民俗大观。

投资兴业的大美乡村

榆村乡紧邻黄山市中心城区,区位、人文、自然资源优越,是一片投资兴业的热土。近年来,榆村乡以打造"中心城区后花园、休屯同城主阵地"为目标,主动迎接市区辐射,经济社会发展取得新成就。展望未来,发展前景广阔,"十三五"期间将以打造"五个榆村"为发展思路:一是围绕"一塔两坊两沿线"周边的自然资源,通过招商引资,发展高效多彩农业和高端乡村休闲度假产业,打造"生态榆村";二是挖掘文化遗产,积极创造条件修复辛峰塔,争取将辛峰塔周边景点申报列入百佳摄影点,全面完成徽开古道保护开发工作,打造"休闲榆村";三是推进郑湾、岭脚、藏溪三村扶贫开发工作,加大珮琅河、藏溪河沿线环境风貌综合整治力度,逐步营造一山一水一路景的风光线,打造"美丽榆村";四是盘"活"一方水,以山洪沟综合治理、水系联通等工程的实施为契机,将水利兴修、清淤畅沟、水面特色养殖及休闲垂钓设施进行综合规划建设,打造"垂钓榆村";五是畅通道路,争取做好与屯溪阳湖至紫阜高起点、高标准公路的无缝连接,实施屯石路富溪段接线工程,加快各村组道路和公用停车场建设,打造"快捷榆村"。

端庄典雅的榆村,婀娜多姿地向你走来!

榆 村

千年古村韵悠悠

俞 群

　　榆村旧时多榆树,因其果实形状像铜钱,主富贵,故名之。榆村由两个孪生的姐妹村组成。珮琅河穿村而过,河北的叫榆村,河南的叫富昨(后改名富溪),邑人有则地名谜语,其中"金床玉椅列西东"一句的谜底就是榆村和富昨。四面环山、三面临水的榆村,自然风光十分旖旎。"瀛峰峙其东南,西北左侧大宅如屏,右侧余峰列秀,其他公伯仙姑举目而足";发源于歙县威风岭的珮琅水与源自白际岭的藏溪河呈马鞍形玉带般地环绕全村,在富溪双溪口汇合后注入新安江。据清代乾隆二十二年《榆村程氏族谱》记载,"初由屯溪东行,或数家成聚,或一二十家成聚,无大村落,北至里门,豁然开朗,重峦献翠,两溪夹流,土地平旷,阡陌交通,如入五陵溪,别有天地,非人间矣",程氏先人当年选中的这块风水宝地,已繁衍成人口五千余众的大村落,现为乡政府所在地。

　　榆村和富溪始创于宋初,鼎盛于明清。悠久的历史,孕育了厚重的人文之气。村人大多旅外经商,且商而仕,贾而好儒。村中多书院多私塾,明代著名书画家董其昌也曾在榆村设馆教学三年。发达的教育,培育了众多的学者名流。明清两代榆村人在外地做官的有63人,卓有成就的方枝、乡善、高逸之士16人,著书刊世者17人;太医院吏目程绣、光禄寺署丞程爵、大理寺右寺加正四品程梦阳祖孙三代，深受明神宗皇帝褒宠，恩准在家乡水口建"义佐国家"御牌楼；明代程国辅精通儒术，尤长于医，洪武年间，当朝驸马王克恭镇守福州时，公主病沉，"遣派迎至，一帖奏效"；明代学者程一枝，一生著作甚丰，《程典》等多部著作至今珍藏于国家图书馆；明代监生汪致洺，独力捐资修通高达150仞的徽开古道白际岭……此等人事，不胜枚举。当然，最有名的当数汪士慎。汪士慎乃清代画坛"扬州八怪"之一，有画署名"富溪汪士慎近人"，约在康熙末年离开富溪来到扬州，晚年曾在《松萝山茗》诗中抒发对家乡的眷恋："故乡庐舍归风西，闻道村村有翠岚。头白但知茶味美，百年憔悴住淮南。"榆村人重视程朱理学，崇尚纲常，讲孝道，就有"凿胸取髓，煮粥供母"和"割臂羹，以疗父疾"等至诚感天的故事；讲节烈，就有"早寡抚孤守节60年""未婚夫亡终身不嫁"等记载。据不完全统计，从明降至清道光三年（1823）止，守节满30年以上的"节妇"就有51人，有17名孝子上了县志，可见"存天理，灭人欲"的封建礼教在榆村的历史上留下了多么沉重的一章。

榆村河

榆村人聚众而居，绝无杂姓。建造有许多高墙深宅，如百家楼、光禄第、大夫第、七房、二房、永堂、还古堂、青石、十八间、方家厅等。民居大多为明代所建,四周均起高墙,谓之"封火墙",远远望去好像是一座座古城堡;牌坊式的门楼精雕细镂,很大也很高。进门为宽敞的前厅,是家人议事的场所;厅前设天井,厅后用中门隔开,设一堂两卧室和楼道,堂前又是一道高大的封火墙,靠墙设天井,两边有厢房,这是第一进。第二进的结构为"一脊分两堂",中有隔扇,前后两天井,楼上楼下有卧室八间,堂室两个。第三进、第四进或者往后更多进,结构都是如此。深宅里居住的都是一个家族,随着子孙的繁衍,房子也就一进一进地套建起来。一般是一个支系住一进,偏门一关,各家过各家的日子。偏门一开,一个大门进出,一个祖宗牌下祭先人。据传"百家楼"前后有十八进,并附有更楼等配套建筑;"青石大院"为清代宰相曹振镛的外婆家,整座建筑占地万余平方米。可惜的是这些闻名遐迩的"大屋"毁于清末咸丰年间(1851—1861)的那场战火,而其他高墙深宅大多也是近几年被陆续肢解,改造成了一幢幢漂亮的小楼房。保留下来的古民居如程玉贞宅,虽经修缮,但古风古韵犹存:前后有两个古庭园,高的是果树,低的是花草,不仅环境优雅,而且庭院经济一年有几千元收入。

程氏宗祠是榆村最大的祠堂,始建于明万历二十二年(1594),祀始祖南朝新安太守程忠壮灵洗公。祠堂坐北朝南,占地有5000多平方米,是一座由120根粗大圆柱支撑起来的宏伟建筑。它分为上、中、下三进:上厅为享堂,高出祀堂五尺,供奉着列祖列宗的神位;中厅为祀堂,是族人举办祭祖仪式或重大活动的场所,高出下厅三尺,两侧有回廊相连,中间是个大天井;下厅是族人举办活动时击鼓奏乐的地方。

明代辛峰塔、清代节孝坊和民国初期廊亭街是榆村的标志性建筑。

建于明万历年间(1573—1619)的辛峰塔,坐落于富溪村西山头,为光禄寺署丞程爵所建。关于辛峰塔的由来,流传在民间的故事是这样讲的:程爵经商苏杭,为榆村首富。一年冬天,他省亲经过歙县时,恰逢许国因缴纳不出捐税不堪受辱而投江轻生,程爵命水手救起。听闻许国系生员,翌年又是大比之春,程爵便劝其届时进京求取功名,又赠银二百两。第二年许国果然金榜题名,而后飞黄腾达,历仕嘉靖、隆庆、万历三朝,人称许阁老。为了报答当年救命之恩,许国对程爵一家提拔尽至,祖孙三代都在京城做官。许国死后,程爵知恩图报,在一个大旱之年,用以工代赈的方法修成了辛峰塔,借以寄托哀思。

辛峰塔是休宁县现存六塔中保存最为完好的一座，县政府已颁令列其为重点文物保护单位。

同为县级文物的节孝坊坐落于富溪水口的田畈之间，建于清乾隆二十二年（1757），为旌表中宪大夫汪以宝之妻程氏节孝而立。史载，汪以宝一直在京城做官，后因病卒于任上，程氏当年只有 21 岁，竟抚孤守节 60 年；更难得的是程氏"事姑至孝，姑病，割股和药进之"。节孝坊是榆村七座古牌坊中的唯一幸存者，其环境非常优美，南北青山逶迤，绿水环绕，宝塔巍巍，古村在望，春来菜花映衬，秋至稻浪簇拥……另有一番水口景致的风韵。

水口是徽州古村落结构的一个主要因素，水口文化也是徽文化重要的组成部分。"水口者，一方众水总出处也。"人们习惯地把下游方向看作是村庄的入口，即水口。水口距离村内屋舍数百米不等，一般来说，进了水口也就进了该村。榆村、富溪共一个水口，但从辛峰塔下要分两路进村：北面靠山的进榆村，南面沿河而上的进富溪，正应谱牒中"水口两山对峙，河水环匝村境"之言。当年这片长达 1 公里的水口长满了参天大树，大多是几百年以上树龄的红杨、银杏、苦槠、柳杉和榆树。进村的两条石板路，平整而宽阔，穿林而过，浓荫密匝，不见天日；路亭、庙宇、牌坊和石桥等水口建筑掩映于林中，显得分外典雅、幽静，古榆村十景之中"凤坞甘泉""柳中牌楼"就坐落其间。榆村水口整体来看就像是一座公共园林，通过数百年的打造，已成为宗法文化的一个重要组成部分。在族人的观念中，水口的形态主宰着村落的盛衰和安全，也正是这一原因，人们往往对水口的一石、一草、一木都不敢轻举妄动，违者将受到族规的惩处。富溪汪氏是清代宰

榆村水埠头

相曹振镛的外婆家，为了不至于让人坏了风水，曹振镛还特地出资雇了一个退役老兵为富溪水口护林，力求永远达到"绿树村头合"的风水意境。古人旅行经商或做官，返乡时无论官大官小、钱多钱少，一律在塔山下停轿下马，并徒步穿过水口方能进村，否则会被族人视为对祖宗不敬。

水口如同一道巨大的影壁，把村内村外分隔成两大空间：进了水口密林之中，似乎已是"山穷水尽疑无路"；穿过水口林，真的是"柳暗花明又一村"了。尤其是从北路进村的人，踏着石板路登上江祈山之前，好像到了荒郊野外；及至登顶，建筑恢宏的程氏宗祠就赫然呈现在眼前；往右边的山上走上数步，往东边一看，"马头粉墙青灰瓦，街巷纵横绿水长"，整个古村落尽收眼底，一览无余，这种效果正是先人所刻意追求的艺术境界。可惜的是，至20世纪60年代初，这片茂密的水口林，或树老枯死，或人为砍伐，已成一片荒地；至70年代末，整个水口已全部变成稻田和茶园，仅留下一座孤零零的节孝坊与辛峰塔做伴。

榆村有横贯东西的三条长街。后底街又名墩上，古为驿道；中街为住宅区，多为高墙深院；前街又叫廊亭街，属商业区，历史上最为繁华。

廊亭街沿河而建，店铺门面朝南，幢幢相连，一字排开，有1里多长。店主在各家门前的街道上盖起木亭，且亭亭相连，形成了可以避雨遮阳赏风景的长廊。长廊临河方向的木柱之间设置了栏杆式长靠椅，可坐可卧。

廊亭街的鼎盛时期在民国初年。当时有名有姓的店铺就有50多家，主要经营日用百货、药材、茶叶及土特产，还有典当、轿行、纸扎、饮食服务、金银加工等行业。新中国成立后，合作商店、供销社在四乡八村全面开花，廊亭街也就慢慢地失去了商贸中心的地位。

"七桥映月"是榆村一道亮丽的风景线。廊亭街与富溪村隔河相望，架桥相连，笔直的河道流水悠悠，两岸十几个埠头捣衣声声；从上村方坑源到下桥江祈山，在新中国成立前这里建有七座木桥。每逢夏令月圆之夜，村人扶老携幼相继来到灯笼高挑的廊亭街上，或坐在靠椅上聊天，或躺在桥面上乘凉，听流水欢歌，看皓月当空，直到月偏夜深，街上桥上的人们才慢慢散去。20世纪末，木桥彻底退出历史舞台，尽管现在有坚固的水泥桥沟通两岸，却令古韵悠悠的廊亭街大为逊色。

一山春水出藏溪

俞　群

藏溪是一个山水形胜、历史悠久、文化灿烂、民风淳朴的千年古村落,更是一个让人流连忘返、回味无穷的生态新农村。

藏　溪

山水形胜,藏溪很幽美

美在四面环山:重重叠叠,逶迤连绵,山不在高,有仙则灵,下山龙、天子坞、大圣岭、九龙顶等等,座座山名富有仙气。美在绿树成荫:山上山下,古木参天;村里村外,秀林献翠;春来百花争艳,秋至万山红遍,把一座古村落掩藏得严严实实,装扮得五彩缤纷。美在绿水流长:源自白际岭的藏溪河,汇诸山股股清泉,穿崖击石,左环右绕,一路飞珠泻玉,多姿多彩,奔至藏溪村前的平缓处,则变得时而浅吟低唱,时而清澈如镜,经夹岸桃花长廊,带着千般妩媚穿村而过;"藏溪"村名的由来,就得益于水的韵味、水的滋润。古老的村落沿河畔两侧兴建,幢幢相连;街巷两侧的建筑,有大小繁简不同的门楼或门罩,高低错落的马头山墙、曲折的墙面和形态各异的小窗,给人以移步换景的感觉。粉墙黛瓦,绿树掩映,小桥流水,鸡犬相闻,整个藏溪酷似陶渊明笔下的世外桃源。"一溪春水绿春风,尽日崎岖陡峭中。记得年时三二月,杜鹃花吐几山红。"这是明代诗人吴基仲写的《咏藏溪》绝句,它形象地描绘了藏溪的山水形胜。正是"藏溪"这个如诗如画、意味隽永的村名,给予世人更多的向往和联想。

钟灵毓秀,藏溪很古老

端午香囊

早在北宋时期,村人汪若楫就在南山之阳建起徽州历史上最早的书院——秀山书院,从此,诵读声终年伴随着青山绿水,"短檠,雪屋灯,朗朗终夜声。传得先儒道妙,百世下,以文鸣";他还是个著名的诗人,有《秀山集》等著作传世。最让藏溪能成为徽州名村旺族的,当数汪氏迁祖汪元茂。汪元茂是唐代越国公汪华的十三世孙,"明经博学,厚德不仕"。一次游猎白际时,他发现藏溪村山重水复、林木繁茂,适宜休养生息,是一块难得的风水宝地,遂举家自黄(篁)墩迁入,聚族而居,时为南宋绍兴年间。由于徽州汪氏后人散居六邑各处,为避免以后"子孙相见如途人",汪元茂决定编修一部《藏溪汪氏族谱》,以记录家族的历史沿革、世系繁衍、人口变迁、居住变化和婚姻状况,家族成员在科第、官职等政治生活中的地位、作用和事迹,族群的经济情况以及丧葬、礼典、家规、家法等典章制度,借以凝聚民心,敬祖尽孝,达到巩固家族地位、显示宗族门第的目的。朱熹是宋代大儒,又是著名理学家,他应汪元茂之请,欣然为族谱作序,用短短的600余字,论述了修谱意义、历史和宗族渊源,写得风生水起,文采飞扬。当时是淳熙戊申年(1188)冬,朱熹已年近花甲,实在难得。古人修谱时为了使族谱更具权威性,常以请名人作序为荣。流传至今的《藏溪汪氏族谱》,确因朱熹所作的这篇序文而倍显珍贵。

人文蔚起,藏溪很厚重

藏溪是座文化古村,历史底蕴十分深厚,尤其是宗族文化非常发达。

汪氏宗祠名为"报本堂",坐落在屏风山麓,坐北朝南,规模宏大,建筑巍峨,是族人精神寄托之所在。祠堂立有严厉的祠规,其中三纲五常、孝悌忠信方面的内容占主导地位,借以对族人日常作为、举止进行道德规范。值得一提的是,有关"和亲友""睦族人""恤孤贫"及"戒奢侈""戒懒惰""戒赌博""戒淫逸"等条律至今仍值得继承和发扬光大。犯了族规,就要受到相应的处罚,而最高形式的惩戒当数"削除谱名,逐出祠堂"。长期生活在宗族社会中的族人,一生都以宗族为根,一旦被革除谱名,就会变得孑然一身,失去依靠,断绝救济,同时也会受到世人的歧视,终生都将生活在耻辱之中。

汪氏宗祠的建筑设计也颇具匠心,它将徽州祠堂中应有的戏台从门厅中迁出,在祠堂的对面单独兴建。藏溪古戏台三面封墙,坐南朝北,前方隔着一口很大的风水池塘,与祠堂三体建筑遥相呼应,构成了一道独特的人文风景。戏台是祠堂文化的重要组成部分,而且因其空间比祠堂更为广阔,也就更加便于"人神同乐"。从这个角度看,把"戏台"从"祠堂"中迁出,似乎更能体现汪氏族人对人尊重和对艺术渴望的意识。"喜怒哀乐若阅有声国画,悲欢离合如看无字文章",藏溪古戏台上的这副楹联,也说明传统的"演戏酬神"观念发生了质的变化。如今,祠堂早已变成小学,古戏台也早在1975年被夷为平地,独有那口风水池塘荷叶田田,依稀还在诉说着昔日的辉煌。

藏溪汪氏家族源远流长。显赫一时的富溪汪氏宗祠,由董其昌题写"敦睦堂"匾名,所祭祀的始祖仁福公就是从藏溪分支而来。富溪另一座纪念汪华的祠堂,也叫"藏溪心田祠",可见富溪汪氏祠堂与藏溪汪氏祠堂属于从属关系。直到 20 世纪 50 年代,富溪族汪氏后人每年正月初二都必须到藏溪总祠拜祭祖先。

民风淳朴,藏溪很和谐

藏溪自古村风淳朴,民心善良,"聚族而住"的风俗相延成习:"千年之冢,不动一抔;千丁之族,未曾散处;千载之谱系,丝毫不紊;主仆之严,虽数世而不改,宵小不敢肆焉。"族人世代和谐相处,奉上能孝,御下能慈;兄友弟恭,手足情深;妯娌相亲如娣,夫妻相敬如宾。每年春秋两祭,族人进祠堂祭祀,虔诚有加;敬宗尽孝,视为常理,故有"生则养,没则葬,丧毕则祭。养则观其顺也,丧则观其哀也,祭则观其敬也。尽此三道者,孝子之行也"的家训传世。

吃午餐的藏溪村民

四时节庆，族人倾村出动。元宵闹花灯，端午跳钟馗，中秋舞板龙，重阳执茱萸；最是腊月风情浓：先吃腊八粥，而后欢欢喜喜忙年货，热热闹闹迎新春。每年板龙上街之际，更是村人狂欢之时。藏溪的板龙史上有名，除了"一家一板""聚时成龙"的特色外，其盛大的场面也让人感叹不已。届时，藏溪河两岸，人头攒动，欢声笑语，火树银花，锣鼓声、鞭炮声响彻云霄，直到夜深更阑方才尽兴。藏溪龙灯会尚有一大亮点：踩高跷，这是四乡八邻绝无仅有的。高跷高有两米多，大多由四到六个年轻后生表演，有的扮成威武的杨宗保，有的装成英俊的穆桂英，或者扮成《西游记》中的师徒四人；高超的技艺、夸张的表演，赢得村民的阵阵喝彩。踩高跷的魅力在外人看来是图个热闹，而在表演者的眼中却是"出人头地"，能得到观众的赞誉，就有一种非凡的成就感，心里比吃了蜂蜜还要甜；一次入选高跷队，也许会影响其一生，故此藏溪的年轻人乐此不疲，表演卖力。

藏溪村在史书上无疑有着浓墨重彩的一笔。在新世纪改革开放的大潮中，勤劳善良的藏溪人更是奋发图强，不负先贤盛名，创建了美好的生态家园。一山春水出藏溪，可以预见，千年古村的明天会更加美好。

人文老屋春和堂

程立诚

　　乡愁是挥之不去的思恋,虽远离家乡多年,古稀之年的我对童年时的榆村仍然记忆犹新,特别是居住过的老宅总是在脑海中翻腾,远逝的时光重现,就像一部优秀的影片不断地放映。

　　程氏是榆村大姓,从篁墩迁徙过来后,人丁兴旺,建宗祠"叙伦堂",每年清明节,族长都要带族会成员赴篁墩祭拜始祖。

　　我是榆村程氏四房后代,童年见过族谱,但随着时代变迁,特别是"文革"动乱,祖宗谱已灰飞烟灭。唯一存在的是老宅,它见证过我的诞生,见证过我的童年。老屋的一草、一木、一石、一砖、一瓦、一字、一画、一镜、一瓶,观之有形,听之无言,浸润书香,于无声处滋润着我的心田,"悟"出人生的真谛,启迪着心灵。虽然无材补天,人生路上平平淡淡,但能堂堂正正做人、清清白白做事,历史可做证。

　　老屋就位于旗杆巷和戏台巷尽头的横路边,坐北朝南,三幢老屋中间一幢,便是我的家——"春和堂"。世代经商,大约是徽州山区的一个共性,"前世未修,生在徽州,十二三岁,往外一丢"。"春和堂"的男人都在江浙一带做生意,只留妻室和老幼守护着这个家。

16

当你踏进"春和堂"大门,展现在眼前是五尺宽的门厅,迎面中门有一副"人杰地灵、物华天宝"的楹联;中门只有婚丧喜庆、祭拜祖先、迎接宾客时才大开,日常进出都是走边门。跨过门槛便是一幢四合走马楼,三间结构,正中是四水到堂的天井,隔开了上厅和下厅,天井左、右是过厢;上厅左、右有四个房间,按现在的说法便是四室两厅两过厢一天井,像这样的老屋,论规模在榆村是挨不上号的,但"春和堂"的文化氛围极其浓郁。下厅右、左的墙上,分别挂着两块大匾:一块是朱子家训"黎明即起,洒扫庭院",一块是治家格言"士农工贾,各有专业,其最要紧,务必读书",还有诸如"兄弟姊妹,如同手足;姑嫂妯娌,情同姐妹""邻里傍水、水傍鱼,同舟共济喜和乐"等做人处世之规;过厢两边挂着"喜鹊红梅""荷花鸳鸯"两块大匾。上厅中堂挂的是祖传乾隆御笔——一个大大的"福"字,两边对联是"一粥一饭,当思来之不易;半丝半缕,恒念物力维艰";上厅左、右分别是"梅、兰、竹、菊"条幅和对应的诗联,如"疏影横斜水清浅,暗香浮动月黄昏""紫茎绿叶出空谷,识曲知音自古难""虚心竹有低头叶,傲骨梅无仰面花""不是花中偏爱菊,此花开尽更无花";中堂下方的条桌上,自鸣钟左右摆着一个大花瓶和一面屏风镜,寓意着家庭平平安安、子孙廉洁如镜。

老屋的马头墙

二进是三间两室一厅一天井,中堂是"松鹤延年",两边楹联是"龙虎争跃数千秋,日月东升水自流"。三进也是三开间一天井楼房,是用膳的地方。后进是厨房,厨房后边有一个大庭院。庭院中种植着桂花、蜡梅、紫薇、罗汉松、扁柏、枣树、石榴,还有海棠、南天竹等;庭院中摆放着假山盆景,真可谓"满园春色"了。庭院旁边有个偏门通往菜园,开启园门后,可见清澈的渠水绕屋而过;眺望门口山上,一片枫林映入眼帘。这样的环境宜居、宜养生,真可谓一块天人合一的风水宝地。

徽商之家、书香门第,信天、信地(风水)、信神、信佛,礼拜最勤。"春和堂"一进的楼上,上厅佛龛里有许多菩萨,这些佛像均为铜、铁铸造,有慈祥微笑的,有凝眸注视的,还有横眉怒视的,它们被岁月的烟火熏得漆黑。每逢农历初一、十五,我母亲不管天晴、下雨、刮风、下雪,天刚亮时就提了一个锡水壶,到河里打来净水,将菩萨供桌上的三杯陈水倒掉换上清水,然后虔诚地拈香,磕头跪拜,再敲钟三下,最后烧纸。每年腊月二十四必挂祖宗画像,迎先祖回家过年,同时送灶神爷上天奏本。过去的灶神爷就如现在的摄像头,谁家做的好事、坏事,天都知道,规劝"人人向善,事事讲德,光明磊落"。

元宵送祖宗、收画像,欢欢乐乐过元宵。元宵之夜,榆村的程氏家族舞板龙、张巡将军菩萨出游等活动盛况空前。将军出游时是坐着彩轿的,轿顶四角挂上红灯笼,轿座用绿锦绷成围栏,当里面蜡烛点亮时,围栏上的花鸟彩绘,便呈现出鲜明的色彩,这就是轿烛,唯我家才有。舞龙结束,乐队吹着唢呐、敲着锣鼓把彩轿抬到我家,物归原主。此时,"程春和堂"大灯笼点亮,中门大开喜迎来宾,同时摆上春盒和热腾腾的茶叶蛋招待,感谢大家带来喜气,带来春风,带来吉祥,带来平安,带来族人的祝福,一年好运从此开始。

树高千丈,落叶归根,太爷福寿公长年在外经商,年老后回徽州颐养天年,但他的徽商经营理念不变,仍然讲仁、义、礼、智、信,把积蓄的钱用来做好事、做善事。在门口山、新娘坟栽植红叶枫,并加工成粉、散、丹、膏药用来施舍,凡是病患者求药,一律无偿供给,因此从石门到榆村无人不知晓福寿公崇德向善。

童年的夏夜总是难忘的,数着星星,手提装着萤火虫的鸭蛋灯,在阵阵南风中,听着妈妈讲"孟母三迁""断织喻学""凿壁偷光""岳母刺字""司马光砸缸救人"等故事,我悟出一个道理:什么是家风——原来就是这点点滴滴的言传和身教。老屋中的一字一画、花花草草孕育着一代代子孙,这也是"春和"的寓意,因此"程春和堂"这个堂名不解自明。"四房"的先祖用心良苦,后辈深知家是小的国、国是大的家,只有家和才能万事兴,家风正,国风正;家风是世风,做人要真诚善良,民族才有希望。

太阳桥逸事

程立诚

太阳桥就是休宁县东乡榆村河街，也叫廊亭街，坐北朝南，冬暖夏凉。当清晨的太阳从山岔中升起时，小河两岸青砖黛瓦就披上了彩霞；沿河水埠头响起了啪、啪的棒槌声，此起彼落；凤山古寺传来晨钟同时也在古村上空回荡；荡漾的河水中，鸭儿自由自在地嬉戏；街上人来人往，叫卖声、叫买声、吆喝声，一片热闹景象。

榆村廊亭街

这里是休宁县、歙县边陲的一个小集镇，也是皖浙之间的一条古驿道。在过去交通闭塞的年代，人们出行全靠两条腿，运输靠肩扛背驮，太阳桥这条古道尤显重要。新中国成立前淳安人来徽州,榆村是必经之道,人来人往非常鼎盛,因此太阳桥林立着大小店铺和各种作坊,人们生活必需品一应俱全,应有尽有。当红日在岗基上落下时,廊亭上的红灯笼点亮,街上仍然熙熙攘攘,太阳桥成了"日不落"街。经过千年历史风雨的洗礼,如梦如烟的往事依然散发着悠悠之古韵,古村风光旖旎,文化底蕴深厚,民风朴实,令人回味无穷。街道上石板已支离破碎,它是历史的年轮,见证了千年沧桑,街边小河依然唱着蹉跎岁月之歌。

哐!一声锣响,从浙江来的一群善男信女,身背香袋,口念阿弥陀佛,一跪一拜一叩首,不顾路途遥远,翻山越岭经过歙县石门,步行到榆村凤山古寺顶礼膜拜,可谓心诚矣!

"啰、啰、啰!"一人身背伞袋唤着小猪群往前走,群猪后面紧跟一人,背着饲料,拿着竹鞭赶着猪,不顾路途艰辛来徽州出卖。"遂安豆腐乳!卖遂安豆腐乳!"一阵阵叫卖声穿街过巷,他们挑着两只红木桶步行而来;还有一担担烘焙豆腐和烘干小鱼,丰富了我们皖南人的餐桌。

全程40里的珮琅河,源自歙县石门,流经榆村太阳桥,再经屯溪阳湖注入新安江,也曾是一条黄金水道。当春末夏初河水丰沛时,一群放排工头戴竹笠、身穿蓑衣、手持竹篙,稳站在木排上,驾驭着一个个木排顺水而下,途经新安江、钱塘江,直奔浙江木材市场。

悠扬的笛声,铿锵的锣鼓声,这是从榆村到黄坑寺接周王菩萨的仗鼓队。黄坑寺不太大,一进大门,可见四大金刚分立两边;中进是一个天井,中间有一铁船,船上站着一个头戴竹笠、身披蓑衣的铁铸人像,在风雨中撑着船;后进正殿坐着红脸的周王老爷。重阳节期间,周围乡村都轮流来接周王老爷去供奉。榆村人自备盔帽、龙袍、长褂、靴,替菩萨换上新装,再坐上八人大轿,由金锣开道,紧跟的仗鼓队、凉伞队、礼铳队(铳头焊上三孔三管,用来装火药引线,点燃时朝天鸣放,响声震耳);最后压阵的是锣鼓队,好不威风;周王老爷到村后,由圣坛庙内的将军菩萨陪同,在太阳桥和全村巡游,晚上又一起坐在万年台下看大戏,尽情享受着人间香火。

富溪仗鼓队合影

　　喤、喤、喤！大开锣已在太阳桥和村中敲响了三遍,这是农历正月初一早晨,是榆村程氏家族祭祖的日子。程氏宗祠坐落在村西。迈进大门是一个院子,左边一棵罗汉松,右边一棵扁柏枝,根深叶茂,终年常绿,据传为明代建祠堂时所栽植,象征着从黄墩迁徙过来的子孙繁衍不息。"叙伦堂"是程氏家族堂名,它告诫程家子孙做人要讲伦理道德,要正确处理好人际关系。祠堂分三进三院:一进正门为奏乐厅,两侧粗柱上挂着一副厚实的楹联,上联曰"瀛峰连五岭地高气厚千层秀嶂拱灵基",下联曰"榆水汇双溪源远流长百折澄波绵祖宅";厅内有两个出口进入二院,四个黟县青抱鼓石分立两个道口,二院院子较大,供送灵位入祠的车、轿停歇。再沿三条台级甬道进入二进祭祀大厅,八根正方形石柱一字排开;厅正中悬挂着由董其昌题写的"程叙伦堂"金字大匾,每年农历正月初一都在此祭拜祖先,然后举行团拜,再按丁(男)数领取粿饼(饼为桂花白糖馅,烘烤成金黄色,香甜可口,也是榆村人走亲访友馈赠的好礼品)。由二进再沿三条甬道石阶进入前殿,这是两层砖木结构的楼宇,上下两层都摆放着祖宗灵位,牌位前是祭祀果品案桌,桌两端有一对高大灯笼烛台,楼宇前沿有青石护栏。整个祠堂气势恢宏，一进比一进高，占地有五亩之广，新中国成立后，此处改为小学为国培育英才，传承着中华文明。

正月十五闹元宵，是榆村春节的又一高潮。程氏家族每户要出一节板凳龙身参加，龙身用竹篾编成，上画龙甲，里面可点蜡烛。游龙时，前面由四个点着松脂木条的铁火篮开道，后面是巨龙，紧跟着的是将军菩萨神座和锣鼓队；当板龙游至廊亭街上时，与河对岸富溪的软龙，双双起舞，美不胜收。榆村板龙在东乡是闻名的，国庆十周年时，曾在屯溪胜利台前广场欢腾起舞，博得市民一片喝彩。

咚呛、咚呛、咚咚、呛！这是端午节榆村舞钟馗。平时静静地坐在圣坛庙中的钟馗，此时换上崭新衣帽，手持竹剑坐在椅上；中午时分，舞者永殇头顶钟馗出游。锣鼓声响起，人们走出家门，燃放鞭炮，永殇头顶钟馗、脚踩着爆竹，近似疯狂般地起舞，村民们纷纷拿出粽子、咸鸭蛋致以酬谢！

端午跳钟馗

八月十五秋高气爽，皎洁的月光洒满大街小巷，廊亭街灯火与"七桥"相映成趣，构成一幅"小桥、流水、人家"的图画。农民用稻草扎成的龙身插满了一支支点燃的棒香，小孩们提着的茄子灯也插满了香火。为了庆贺丰收，榆村的后生将香龙舞得出神入化、风生水起,整条廊亭街上灯火、香火交相辉映,疑是银河落人间。相信此时牛郎织女一定在甜言蜜语中交谈:到底还是人间欢乐多。

太阳桥也是人们休闲的好地方,坐在沿河廊亭的靠背长凳上,讲讲、议议、谈谈、笑笑,说古道今。1945年抗战胜利后,榆村人兴高采烈地抬着"同仇敌忾"的大匾走在街上,挥舞着三角小旗,喊出了"不忘国耻,振我中华"的口号。浴血奋战八年,终于胜利了,沿河店铺大放鞭炮,而后把"同仇敌忾"大匾悬挂在万年台正中,永远激励着人们铭记历史,晚上在万年台举行庆祝晚会和嬉灯游行。

榆村奇事多。上磅秤有一座家庙,供奉着程氏一个先祖,是一个女神,反穿着衣服倒穿着鞋,前面还跪着一个儿子,稀奇不稀奇?传说这个女神生前原来也是个殷实之户,老爷死后,儿子不肯读书学艺,成年后只知吃喝嫖赌,数年之间田地卖光、钱财挥尽,常是半夜而归,母亲开门迟一步就是拳打脚踢。寒冬腊月半夜起来,母亲常慌得反穿着衣服倒穿着鞋,见儿子无望最后上吊自杀了。程氏族长为了惩罚这个不肖之子,命他跪在母亲灵前三天三夜进行忏悔。程家为了警示后代、教育子孙,后来在村头特建此庙。

斗转星移,年月轮回,榆村的古韵慢慢淡去:水口御牌楼早已倒塌,沉睡在水田中的石狮和青石条也了无踪迹;七房坦程氏七兄弟屋宇一字排开占据村中心,房舍恢宏都是五进开间,从前坦延伸到后底街,可惜都毁于战火;原村中戴家还古堂、程家大屋、方家大厅、花园、大夫第、百家楼、旗杆屋、旗杆巷、戏台巷等明代建筑都已烟消云散,留在人们脑海中的是一些挥之不去的地名坐标。"文革"时期古村再遭重创,拆掉了万年台、圣坛庙、大夫第;打菩萨、破"四旧",连窗棂、横梁上的木雕也敲掉,另将对联、字画、中堂、祖宗容等全堆在太阳桥头焚烧。一把火烧掉了古村的文明,烧掉了不可复制的艺术品和文物,像董其昌的字、乾隆皇帝御墨"福"字中堂和一米多高的涂金木雕八仙,还有一些大户人家供奉的铁铸、铜铸、木雕、泥塑的神像,大大小小一起在烟火中离开了人间。

往事如梦如烟。现在的榆村到处都是一栋栋小洋楼,太阳桥响起了新的节奏广场舞:《最炫民族风》《小苹果》。中国梦太阳桥续篇正在谱写,建设美好乡村,"三线三边"整治,从石门到屯溪,这条古道上的明珠可串珠成线发展旅游,榆村必将会成为人们娱乐、休闲、旅游和享受美食的好地方。

隐藏在富溪坐标上的密码

汪顺奎

富溪古称富昨,是一座有着1000多年历史的古村。1983年恢复乡镇制时,榆村乡富溪村所辖的八个村民小组,全部以当地历史坐标冠名,即"二柱南""青石""戏台前""老当铺""号源店""八角亭""中和堂"和"石桥头"。这些古韵悠悠的地名,成为每一个村民小组的旗帜,虽然现在已名存实亡,但它们隐含的历史信息却极其丰富,所折射出的文化底蕴也是极其深厚。拂去坐标上的尘埃,一探隐藏其间的密码。

富昨　清乾隆二十年,富溪汪玑领衔重修《富溪汪氏宗谱》,其序首语:"富溪又名富昨"。有关"富昨"的来历有这样一则传说:朱元璋与陈友谅争天下时,闻知徽州大儒隐居石门,即从浙江过连岭寻访到朱升,请教安邦定国大计;朱升献三策,曰:"高筑墙,广积粮,缓称王。"朱元璋闻之大喜,连声称赞。出石门,过富溪,准备返回江西战场。进富溪过水坑坞,见两边山势险峻,恐遭不测,连忙下马步行,刚走了八步,转过一个小弯,眼前豁然开朗,后人称此地为"八步金刚"。一行人快到太塘时,战马下塘饮水并清点人马,后人称此地为"点马塘";清点后发现少了一匹战马,疑是在富溪走失,急派亲兵围住富溪村反复寻找,故后人以"复抄"的方言称"富溪"为"富昨"。当然,这仅是个传说。

但时至今日,四乡八村知"富昨"者众,却鲜有知"富溪"者;甚至有学者不经考证就断言"富溪"是现代才流行的村名,真是有辱斯文了。

二柱南 原是榆村的二柱,位于珮琅河南,故称二柱南。榆村乡谚云:"二柱南,一柱北,三柱没得吃。"一柱北指沿河廊亭街至"七房坦"一带,较富裕;三柱在芳干一带,以种田挑担为生。从地理位置上讲,现在的二柱南村民组沿河一带,古代属榆村管辖,有上、下还古堂等规模宏大的民居;有的豪宅除了镂刻精细、飞檐翘角的高大门楼之外,门前左右四个八角形旗杆墩高有五尺,竖立的旗杆有三丈多高;上还古堂后边还建有十八间马房,故此又称"十八间"。土改时,二柱南划归富溪村。

富溪牌坊

青石 青石汪家是富溪村的首富,也是清代宰相曹振镛的外婆家,富溪水口那座恩谌松筠节孝坊就是旌表青石中宪大夫汪以宝妻程氏的。据称,青石大院占地一万多平方米,有主楼、配楼、更楼多座,有上铁门、下铁门。特别令人称道的是那座青石大门楼,除采用高超技艺的镂空砖雕以外,所有石质用料都是黟县青,配上铁皮铜扣的橡木大门,更是威严而不失典雅。可惜的是,青石大院在咸丰年间被战火焚毁,只留下几间偏屋。在一处处残垣断壁之间,还流传着青石大院的一首民谣:"檐前滴水下,九束十三金,何人挖得到,能买进江南半边天。"

戏台前 在青石大院的西北角。元代大德年间,富溪汪时若、藏溪汪士良在此修建了一座心田祠,借以祭祀汪氏始祖唐越国公汪华,当时建德路总管、徽州著名学者方回为之作记。心田祠前有一方坦,当时建有古戏台,逢年过节或举办庙会时常演戏,届时要将越国公神像请下神座,坐入彩轿内,祭拜后方可开锣唱戏。古戏台及心田祠均毁于20世纪50年代。

老当铺 富溪村北街横贯东西,老当铺位于街西,当年是个繁华的商号,现在仅存一个高大、破败的门楼。但透过门楼可以看出这是一幢五开间五进深的建筑,巨大的石库门洞,两边是一人多高的石条墙脚,防盗防火性能非常好。老当铺的西边有一座社公庙,供奉着土地神。农历二月初二、八月十五,分别是土地神的诞辰和得道升天的日子,村民们聚集于庙内虔诚祭拜,以祈求和感谢土地神的福佑,谓之"春祈秋报";而后打着旗锣伞铳,抬着土地神出游,盛况空前。

号源店 坐落在北街中心,也是村民们向往之处。号源店经营日用百货,讲究价廉物美、童叟无欺,生意十分红火。更特别的是,号源店临近豪宅更楼。古时有钱大户为防盗贼和火患,在临街的楼下建一长廊或更楼,左右相通,前后相连,可以从前街一直通到后河。传说有钱人家的女眷,在汛期雨天不用打伞、不穿雨鞋就可以从廊式更楼下直接走到河边看大水。如今,号源店早已歇业,在旧址上建起了一幢幢小楼房。为了不能忘却的纪念,人们将这一带称为"号源店村民组"。

八角亭 位于村南,原是青石大院汪家的后花园,花卉盆景,目不暇接;假山水榭,美不胜收;更有一座古香古色的八角亭,飞檐翘角,雕梁画栋。据传,这里是太太、小姐们的休闲之处。此亭毁于新中国成立前,后人在旧址上兴建了一座粮食加工厂。八角亭村民组坐落在富溪村南街,从八角亭经孙门前、方家厅、汪氏宗祠到石桥头,是富溪村最热闹的地方。这一带古民居林立,像美时堂、三思堂、三斯林等等,屋中套屋,庭院幽深。尤其是方家厅,前面是仆人值班住的屋舍,通过巨大的青石门洞进入大厅议事堂,后面才是居住的卧室,一排四开间,楼上楼下八间房;此后通过偏门又是一进,一脊分两堂,前后天井;如此进深有八进,一个家族住在里面,真可谓是聚族而居了。方家厅的偏屋众多,最后一进还有富溪村历史上唯一的一家造纸作坊。方家厅前厅曾是村中的合作医疗机构,后厅楼上曾是省城下放干部文兵的宿舍。1969年至1970年,上海八五医院解放军医疗队也在这里驻扎了整整一年。近些年,前进拆建为村委会,后面各进陆续建起了新楼房。

中和堂 八角亭前有一条巷弄直通西边的珮琅河,中和堂就坐落在其间。中和堂是汪氏后人的堂名,历史上为望族;但最出名的是1958年曾在这里办过大食堂,全村人吃饭都在这里,一日三餐,天天光顾。由于违背了历史规律,大食堂很快就倒闭了,这座当年因经营盐务而发迹的中和堂也就渐渐地退出了历史舞台。不过,与中和堂一巷之隔的修本堂倒值得一书。气势恢宏、庭院深深的修本堂曾是富溪汪氏始祖仁福公最早的祭祀之处,俗称"老厅"。直到新中国成立前,汪氏后人的新婚夫妇都必须先到老厅,然后去敦睦堂(汪氏宗祠)祭拜。修本堂是"扬州八怪"之一的汪士慎的故居,他就是从修本堂走出富溪、走向世界的;耳不聋、眼不花的96岁老人汪雨田先生清楚地记得,汪士慎与他的曾太祖汪士梁是兄弟。中和堂既是个出高学历的村民组,出过博士、硕士、留洋学者,又是个高寿之地,仅修本堂附近93岁以上的老人就有4个。

石桥头 位于村西藏溪河上的石桥是一座架梁石板古桥,也是"徽开古道"浙江至徽州府的必经之道,故名石桥头村民组。石桥头有一座气势雄伟的汪家祠堂,祠堂中央挂着明代著名书画家董其昌题写的"敦睦堂"的匾名。祠堂建于明代,高大的门楼前,左右各有一对雕刻精细的抱鼓石;进入大门是左桂右槐几人合抱的古树,象征着汪氏家族代代荣华富贵;往前是一座阁楼,是议事和办公场所,祭祀时也是奏乐的地方;穿过阁楼,左右栽有松柏,两边建有回廊,中间一条宽阔的甬道,直达大厅前;大厅的北向是神台,供奉着列祖列宗的牌位。正月初一早晨,祠堂门大开,汪氏宗族的子子孙孙跪倒一地,在此顶礼膜拜。经石桥头左转至双溪口,有一座冯家水碓,两个巨大的飞轮经藏溪水和珮琅水的冲击,昼夜转动,这里曾是全村粮食加工中心。这两个飞轮为古榆村十景之一:"双龙戏珠"。说来也有趣,石桥头村民组徐的有个名叫发娣的姐姐,8岁时被送到屯溪一家商户做养女,后来几经辗转流落到祁门。2006年初春,年已古稀的老人思念故乡的亲人,向当地政府发出了求助信;不久,榆村乡收到休宁县公安局发来的一份传真,说徐的失散的姐姐凭记忆说家乡有一座古塔,有两个车鼓(飞轮)的水碓,为此让失散60多年的姐弟得以重逢。过了水碓之上的富溪水口桥,就踏上了去屯溪的林荫大道。

一个地名就是一个村民小组的表情,蕴含着浓浓的乡情和一部分鲜为人知的历史。

春　耕

榆村历史人物

叶天寿

程大信 字梦约,宋代藏溪人。习礼经登第,调武昌薄政钱塘县尉巡察,围田督修湖岸,颇有政绩,京尹袁韶奏擢任广西道盐场,以避亲嫌不赴任。闲居十年,凡里中有利可兴、有害可除之事,莫不竭力为之。后迁石城县丞,摄邑期间,寇数万绎骚,大信率民众数千御之,寇皆遁去。后任辰州推官,调高邮推官未赴任时去世。

汪元茂 宋代藏溪人,唐代越国公汪华之十三世孙,朱熹誉其"明经博学,隐德不仕",为藏溪汪氏家族始迁祖。

程应辰 宋代榆村人,性耿介,学识为京邑所重,以荫授忠州文学,历临安府司户并金,安抚两浙运司主管文字干办公事,淳祐年间(1241—1252)任迪功郎。

汪若楫 字作舟,宋代藏溪人。所创办的藏溪"秀山书院"是徽州历史上最早的书院;精研理学,尤工于诗,著有《秀山文集》10卷。

程景云 太塘人,明代景泰五年(1454)寄籍宁夏卫,二甲第二名进士出身,官至御史。

程元化 太塘人,科班出身,嘉靖年间曾任宛平县丞,后在鸿胪寺任序班。

万历帝下旨在太塘水口为其建牌坊,追昭其功德。

程元修 太塘人,程元化胞弟,万历年间授光禄寺监事。曾在嘉靖年间与其父程参一起仿《祭仪》大夫三庙之制,修建"太塘程民佘麓墓祠",以祭始迁太塘鼻祖程军谋。

程 爵 字光启,明代榆村人,光禄寺署丞;其父程绣,太医院吏目;子程梦阳,大理寺右寺正加四品服。隆庆、万历年间,其父子祖孙,或输粟放赈,或捐饷助边,捐私奉公,乐善不倦,其他义举,难以阐述。三世沐恩,富甲一时。神宗皇帝下旨在榆村水口为其建御牌楼,坊名"义佐国家"。万历年间用以工代赈的方式修建了辛峰塔。

辛峰塔

汪致洺 富溪人,明代监生,曾独力捐资修通高 150 仞的"徽开古道"白际岭。

程绳祖 字叔武,明代太塘人。洪武二十五年(1392)举经明行修,差陕西盘粮。授御史,左迁湖口县令。邑东黄麻潭田地 500 余亩,屡为洪水淹没,奏请免田赋鱼课。有惠政,民立祠祀之。

程一枝 字仲木,号巢父,明代太塘人。嘉靖、万历年间在世,郡诸生;品行纯正,安贫乐道,淡泊名利;曾筑青藜阁,日夜读书,著述其中;著有《青藜阁草》《史铨》《汉铨》《休宁县志补》《程典》等。他的学识为王世贞、汉道昆所推重。

汪 浚 名应星,字湛若,号秋涧,明代富昨人。万历、崇祯间在世。工诗歌,善书画,少从董其昌游,得钟王笔妙,倪黄诸家画意,摹写皆臻神品。中年侨居邗沟,杜于皇、周栗原、孙豹人、汪舟次诸名流时相过从,读画征歌,雅相推重。每片褚出,人争购之。晚归故里,自购精舍,题门楣曰"山响",著有《山响斋诗》《山响斋集学》诸帖。

汪国安 明代富昨人。少颖悟好学,弱冠乡试中举,授东流县教谕,曾两度代掌县印。后解组归里,闭门二十余年,甘贫乐道,老而弥笃。著有《离骚订注《律吕参会正解别解》《春秋四傅合参》等书。邑令举为乡宾,题其间曰"瑞世鸿仪"。

程国辅 字廷佐,明代榆村人。通儒术,尤精于医。驸马都尉王克恭镇新安时,常屈驾造访。王克恭后守闽时,福成公主(朱元璋长兄"南昌王"的女儿)病重,遣使专迎国辅诊治,一剂奏效,驸马亲自撰文以赠。

程国栋 字玉亭,清代榆村人。侨居吴江,康熙五十二年(1713)举人。历任嘉定、盐城、沛、范、滕等县知县,皆有惠政。盐城县东连海,西接黄、淮,河堤屡溃,射阳湖淤不利泄。国栋献计于治河使,陈三大疏河工程,使盐城县各大河直接入海,并引河水灌溉延绵 120 余里无水源之高田,以利泄利溉,使者奏请准行。遇大水,程国栋曾捐俸开堤平水。遇潮灾时,他又为民请赈,并以俸薪垫补折耗。撰有《嘉定县志》13 卷。

程梦瑛 字天玉,号敬亭,清代榆村人。康熙时在世。程梦瑛任云南安宁州知州,调弥勒州,又署元江、楚雄、镇南诸州郡篆,升刑部浙江司员外,后发往江南,奉委勘估苏松河道,监修太仓州浏河,督浚丹阳九曲河、太仓州七浦河。擢本部贵州司郎中,仍监督扬州水利,开浚江、仪、泰、如、兴、盐六州县海运诸河。竣工,奉命管理江南水务,开浚淮安、太河界沟,扬州城河,吴淞、福山、浏河三大闸。又主持修治苏、松、常、镇、太、通六属港渠,转松太道数年致仕,卒于家中。

汪士慎 字近人,号巢林,别号溪东外史、天都寄客、甘泉山人、晚春老人等,清代富溪人,寄居扬州,为"扬州八怪"之一。生于康熙二十五年(1686),自幼勤奋好学,能诗善画,兼精书法、篆刻,乾隆二十四年(1759)病逝,存世作品甚多。

程 式 字周序,清代榆村人。乾隆初官温州府长林场盐大使,修复旧海堤,护海滨良田千顷,人称"程公堤"。绍郡灾,公正清廉,万民称颂。不久,委权龙游县事,旋以母老乞归。

程 易 字兼三,清代榆村人。由庠监考州同,召试博学鸿词,著有《雪堂集》《且存集》《榕客集》。

汪 玑 清代富溪人。郡生,饱学博才,名重休邑。乾隆二十年总理编纂《汪氏通宗世谱》,缘就旧牒挂新丁,七经寒暑始成。值得一提的是富溪族有 27 人参与了这一浩大的工程,可见富溪(古称富昨)汪氏人才济济,资金雄厚。

品味汪士慎

汪顺生　焦　艳

在我国众多的书法作品中，有一件被称为隶书中的精品的七言长诗条幅，诗曰："不知泾邑山之崖，春风茁此香灵芽。两茎细叶雀舌卷，蒸焙工夫应不浅。宣州诸茶此绝伦，芳馨那逊龙山春。一欧瑟瑟散轻蕊，品题谁比玉川子。共向幽窗吸白云，令人六腑皆芳芬。长空霭霭西林晚，疏雨湿烟客忘返。"诗中赞美了涌溪火青让人流连忘返的茶香，而后人在品味其中的芳馨之余，更加对这首诗的书法大加赞赏，人们评比条幅不仅字体丰腴雄浑，结体宽博而气势恢宏，而且通篇气韵生动，笔致动静相宜，方圆合度，结构精到，茂密而不失空灵，整饬而暗相呼应。这首诗的作者便是"扬州八怪"之一汪士慎。

汪士慎（1686—1759），字近人，号巢林，别号溪东外史、天都寄客、甘泉山人、晓春老人等。他排行老六，当时的大画家金农时常爱称他为"汪六"。清代休宁县东南富溪人，于雍正元年（1723）举家移居扬州流，"扬州八怪"之一。他终生布衣，一生清贫，不求名利，以卖画为生，艺术天分较高，诗、书、画、篆刻都有很高的成就。主要作品有《行书群花诗》10 开册、《行书诗翰》13 开册、《梅花》8 开册、《梅花图》12 开册、《梅花图》轴、《梅花》卷、《江路野梅图》、《空裹疏香图》轴、《兰竹石图》轴等。著有《巢林诗集》7 卷。

身世之谜

　　汪士慎约于康熙末年来到扬州,时年35岁左右,在此之前,他是什么情况呢?我们至今无从得知,也没有相关记载。一本计有490首诗的《巢林诗集》,也是到了扬州以后,约于雍正初年才开始进行的。关于汪士慎的以前历史似乎被割断了。汪士慎本人也好像故意向人们回避着,连他的密友高翔和亲家陈章也不透露一点。但汪士慎毕竟是一位富有情感的诗人,在他的行文和诗作中,对于他的过去,仍然流露了一些端倪。

　　雍正元年左右,在《冬日送项七瘣民还新安》诗中,有"其间不无离绪之感,恍如梦境耶"!所谓离绪之感,应该是离开家乡的思绪,"恍如梦境",说明是经过了一场悲剧性的经历。雍正八年,在《柬寄吴笙山》诗中,有"身依故土家何有,鬓欲成翁事已非。寄语故人应怜我,我怜何处对春晖"。吴笙山可能是汪的同乡好友。"事已非"和"寄语故人应怜我",是汪士慎希望对于过去所发生的事,能够得到老友的理解。他仅向家乡老友吴笙山吐露,说明吴是他的挚友,可惜吴笙山没有诗文留下,否则,也可以为我们提供一二。雍正九年,在《深春卧雨柬诸朋辈》诗中,有"旧事满怀向谁说,行藏多半类哀鸿"之句。说明汪士慎还是想将"旧事"一吐为快的,但又找不到适当的人,所以只好深埋胸中了。乾隆六年,在《老来五首》诗中,有"往事不复忆,都如出岫云""难堪昔人语,身后与谁评"之句。因毕竟时隔多年,"往事"不再想去回忆了,权且当作一场梦吧!但又想到这段"往事",今后又有谁来评述呢?又怎样评述呢?这更令他伤感。乾隆十六年,是他诗集刻成的最后一年,在《老吟十首》诗中,仍有"老卧江干命所该"之叹。"命所该",说明非自己所愿意的事。汪士慎就这样,带着这个深深的遗憾,整整地痛苦了一生。

　　对于汪士慎青少年时期的具体情况,我们很难知道得具体。显然他在中年时代受到了命运的沉重打击。除了科举不就,还有亲人亡故。浙江省博物馆藏汪士慎作于雍正七年(1729)诗画册第8开记有诗4首,追述了其家遭不幸、亲人亡故的感情历程。这里列举两首:第一首寄给吴笙山,并题"首春九日,风雨大作,追忆去年此日与诸同人春郊探梅,因成一律,书寄吴笙山",诗曰:"去年放旷春风野,转眼愁成四面围。但有冰花飞上壁,绝无好客敲冷扉。一身恋土家何在,两鬓成翁事已非。寄语故人诗味苦,近来无路报春晖。"诗中可以看到诗人遭到突发事件后陷入愁城,家庭顷刻冷落凋零,家室化为乌有。

第二首《除夕》:"柏叶树花泪眼看,此宵谁念我艰难。全家未老重泉隔,遗像如生四壁寒。只有苦心追往事,绝无佳节再承欢。更销魂处荒野外,风雪漫天墓未干。"诗句如泣如诉,悲苦凄凉,诗中也能看出是人未老而亡,高堂已不在。这都是对其中年时家中遭遇变故的记述。

与梅花做伴

汪士慎生平嗜爱两样东西:梅与茶。他擅长画梅竹,却又不墨守成规,构思新颖,气魄豪放,笔力刚劲,格词韵致非同凡响,具有"倔强不驯之气"。他笔下的瘦竹如削玉,高风亮节;梅千花万蕊,冷香清艳。其诗清新自然,别有意趣;其书气韵生动,风神独绝;其篆刻秉承"徽派"传统,章法与刀法,平稳而富于变化,韵味之佳,称雄一时。其用于行文、落款之书法金石,看似任意摆布,实为巧妙组合,诗书画印,浑然一体。他54岁时左目失明,但他克服困难,艰苦努力,坚持栽梅,体验自然,重视实践,自刻一印"尚留一目看花梢",继续画梅,自称"左盲生",所作的书画,妙绝灵秀,胜于未盲时,其梅更有"铁骨冰心"之号。晚年双目皆失明,仍能以意运腕,挥写狂草大字,自号"心观道人",金农称他"盲于目不盲于心"。人们评论他的梅竹说:"宠梅念竹有其意,剪水断冰

汪士慎的《春风三友》

无俗痕。"八怪中,他与金农、高翔、罗聘被时人称为"四大画梅高手"。金农曾评汪士慎梅花图说:"巢林画繁枝,千花万蕊,管领冷香,俨然灞桥风雪中。"安徽省博物馆珍藏汪士慎多幅"繁枝、千花万蕊"的遗墨,亦为精品。他的绘画有两个突出的地方,即是以勾勒与没骨法相结合,再参以书法入画。如那幅"古干淡着色"的梅花条幅,就是其画法得到纯熟运用的实例。此外,他还注重对笔墨的运用。在水墨画的用笔中,不事烘染,以皴擦、挥写为能事。常在写意画中,以工细的笔触,勾画梅瓣、叶和花蕊,使得写意中自有细致之处。他不仅在笔墨上有很深的造诣,而且在纸砚上有着丰富的实践经验,最终达到了"晴窗拂几试缣索,挥毫放胆追王扬。横枝大干走龙虬,万蕊千花心手狂"的高度。在篆刻上,堪与高翔、丁敬齐名,其古玺印、仿汉印、小篆印、无边元朱印等,皆有出新制胜之处。金农的许多名印均出自其手。

诗茶人生

汪士慎一生嗜茶成癖,自称"嗜好殊能推狂夫",已经到了"饭可终日无,茗难一刻废"的程度。他常说:"一笑平生常在手,不需酒盏送年华。"所以金农赠他以"茶仙"的雅号,他也以"嗜茶赢得茶仙名"为慰。他平素待客从不设酒,而是"清荫设茶宴""煮茗当清尊"。汪士慎不仅嗜茶,而且精于辨泉品味,他品过武夷、龙井、杉萝、霍山、云台、雁山、小白华山、天目山等地的茶,他认为笋味虽鲜,但茶味更美,常常是"一断苦茗饮复饮""渝涤六府皆空明",大有飘然轻身,涤清神宇之感。所以他饮了姚世钮送给他的"抒山野茶"之后,竟然生出了"莫笑老来嗜更频,他生愿作杆山民"之想法。在《蕉荫试茗》中说:"平生煮泉百千瓮,不信翻令一目盲。"汪士慎虽然一目已盲,但他仍嗜茶无改。好友陈章虽苦口相劝,但他"冷笑面相背,偏盲尚无悔"。

汪士慎对茶的爱好表现在生活中的各个方面,若朋友游历归来访得好茶必定会送他品尝,他也必会做诗一首,回赠朋友的友谊,并亲自煎茶,与朋友围炉而坐,品茶谈诗。冒甚原曾得到四川友人寄来的蜀茶,送与汪士慎一同品尝,汪氏便作《酬冒甚原惠蜀茗》来答谢:"故人遗我茶,言从蜀客寄。采于金篦山,山遥得匪易。传来意已深,珍重刮目视。褫封辨灵草,仿佛蒙顶制。老人寂无事,解衣自烹试。一瓯秋雨过,满碗轻花蔽。玩味比嘉言,生甘得妙义。涤我六府尘,醒我北窗寐。五字颂高牍,重缄合珍秘。伊谁万里心,致此馨香意。"

诗人在诗中讲明了茶的来历,讲了对茶的珍视,更表达了对友人赠此好茶的感激。

汪士慎若访得好茶也会赠予友人并赋诗一首,除此之外,自己平时煎茶、试茶、饮茶的心得也会通过做诗来体现。如《普洱蕊茶》:"客遗南中茶,封裹银瓶小。产从蛮洞深,入贡犹矜少。何缘得此来山堂,松下野人亲煮尝。一杯落手浮轻黄,杯中万里春风香。"

这类的咏茶诗还有很多,诗作中留下了大江南北的名茶踪迹,十分令人神往。

汪士慎虽然一生"孤清性所耽",但和布衣处士、穷而后工的周道好友,交游却是十分亲密而频繁,和他交往比较密切的,有高西唐、管希宁、金冬心、姚世拯、陈章、厉樊榭、丁敬及马曰馆兄弟等。其中有挚友、莫逆之交、诗书画友、茶友等。

总而言之,汪士慎的一生,恪守清贫,不随浮尘俗,表现出一个文人孤芳自赏的气节。他虽然一生道路坎坷,却能静僻自处,同时他还是一位喜欢交游、待人诚笃、一往情深的人,所交均当世品学皆高的文士。虽然他在后半生遭受目盲的打击,但在艺术上,却能以百折不挠的毅力和乐观的精神去战胜困难,努力奋发,精进不懈,勇攀艺术高峰,终于使自己在诗、书、画几个方面,都取得了很高的造诣,给后世留下了一批宝贵的艺术财富,成为清代扬州著名的书画家。

程一枝与他的《程典》

俞　群

　　翻开史书一查,古时候太塘村出的名人还真不少,他们或为官造福一方,或经商乐善好施,或行医悬壶济世,或教书授业解惑……然而,这些当年的佼佼者,大多只在史书上留下数行淡淡的墨迹,或者说早已被人们遗忘;唯有明代学者程一枝至今仍在中国学术界享有盛誉,他所纂写的《程典》等皇皇巨著被珍藏在国家图书馆内,时时闪烁着智慧的光环。

　　程一枝(1532—1582),初名彬,字仲木,号巢父,别号天彰,休宁太塘人,郡诸生。他在太塘建有青藜阁书院,以教书育人为业,治学勤谨,心无旁骛,"与阁中鸡鸣俱兴以为常""家之田益减,不一开问",一心只读圣贤书,却无意功名,"蕴其才无所表",安贫乐道,专意著述,其从学交友者多为徽州乃至江浙文坛名流,渊博的学识被汪道昆、王世贞等大家所推崇。

　　程一枝曾对友人说:"大作,我做不来;小作,又不能扬祖宗功业,只好就从事大小之间的了。"大小之间的事就是著书立说,有《青藜阁草》《史铨》《汉铨》《彰大事记》《休宁县志补》《程氏贻范集补》《程典》等数百万字流传于世。正是做了《程典》这件"大小之间的"事,终于成就了他在中国学术界的历史地位,这足以让他的祖宗扬了名,也为他的后代子孙争了光。

38

《程典》是一部什么样的书呢？原来，这就是程一枝在明代万历朝前期，也就是他人生最后几年，穷尽精力、心血撰修的一部休宁太塘程氏宗族族谱。

"立族之本，端在修谱。族之有谱，犹如国之有史；国无史不立，族无谱不传。"徽州乃程朱理学故乡，随着宗法伦理的庶民化，地方组织的发展，民间修谱之风尤为兴盛，尚有"三世不修谱，逆莫大焉"的忌讳。太塘程氏是徽州旺族，是始祖军谋公从篁墩迁来的，时为宋初，至程一枝出生时已有五六百年的历史了。当时的太塘富甲休宁，人丁兴旺，素有"一太塘，二商山"之誉；坊间还有"歙县二溪南（西溪南、南溪南），抵不上休宁一商山"之说，而商山又比不过太塘，可见鼎盛时期的太塘是高山打鼓，名声在外了。明代嘉靖年间，程参、程元修（万历年间授光禄寺监事）父子，在始祖军谋公墓左侧建"太塘程氏余麓墓祠"："正堂四楹，前为重庑，后为夹室，翼从两庑，外设大门、墙墉、包涵，诸凡唯谨。祠主军谋公中室、泗州公左室、宣城公右室，仿《祭仪》大夫三庙之制也"，军谋公、泗州公、宣城公系祖孙三代，均为太塘程氏族人先祖。盛世修谱，是族中的头等大事，重任历史地落到程家子孙程一枝的身上。为了修谱，程一枝博览群书，废寝忘食，纠合者程旧谱，遵从"是者从之""遗者补之""讹者更之""疑者存之""不知者缺之"的原则，勒成统宗，呕心沥血，独创《程典》。似乎是上天的刻意安排，一部普通的程氏家族族谱的纂修，冥冥之中升华了程一枝的人生价值，让他有机会在400多年之后名扬中国史坛。

《程典》别出心裁，以"典"的形式昭显了族谱的威严。该书广征博引，其中引用了家谱41部、录书13部、志书24部、经书2部、史书20部、子书5部、集书5部和杂书3部等，共计113部各类典籍，并采用史志体例，编成拥有序、凡例和系谱4卷、表4卷、世家2卷、列传6卷、志9卷、图4卷、录3卷及附录等多卷在内的体例完备、内容丰富、风格独特的休宁太塘程氏族谱，也是徽州历史上著名的家族谱牒之一。《程典》在民间已难以寻觅，现存国家图书馆的《程典》为明代万历二十六年（1598）木刻善本共6册，计33卷55万余字。由于这部族谱馆藏珍稀，它的历史价值直到近几年才被发现。

安徽师范大学教授刘道胜一次在国家图书馆查阅资料时，偶然间发现了《程典》，初读之后如获至宝。从此他对该书进行了专题研究，并写出了论文《明代徽州珍稀族谱〈程典〉考论》，发表在2012年第3期的《历史档案》杂志上。刘教授对《程典》的纂修、版本、庋藏以及主纂程一枝做了翔实的考述,并深入考察了《程典》具有谱系上"合诸谱而折中之,以成一家之典",体例上"莫不原本于史学",刻藏上"顺生逆卒""散藏于族"等方面的编修特色。认为明代中期以来,徽州宗族统合、经济富庶、人文郁盛,从而出现了盛世修谱的现象;《程典》在迄今遗留下的 2000 多部徽州族谱中,无论就其版本和体例,抑或其涉及的族群和内容而言,都是上乘之作。程一枝毕生专意著述,侧重史学,取得了很高的成就。

一石激起千层浪,刘道胜的论文引起了中国学术界的高度关注,一时间《程典》成为谱牒研究的热点。学者宋杰甚至认为,"《程典》作为徽州谱牒佳作的出现,既逢其时,也得其人"。换句话说,没有徽州当年的太平盛世,没有程一枝这样高水平的人才,这部世人瞩目的巨著是不可能诞生的。如今,《程典》已被国家图书馆文献缩微中心制作成光盘保存起来。

太塘一角

程一枝无疑是个奇才,国家图书馆内竟然还珍藏着他的另一部巨著《程氏贻范集补》。该书分甲集 5 卷、乙集 20 卷、丙集 1 卷、丁集 3 卷、戊集 1 卷、已集 10 卷,计 40 卷约 100 万字,于明代隆庆年间(1567—1572)木刻刊印成 10 册,出版时间比《程典》早了近30年。《贻范集》是程氏先宗以来的金石遗文,程一枝对原文——勘校并纠错补缺,既保留了先人的精华,又充实了大量的内容,使《程氏贻范集补》更具历史研究价值。

程一枝生于明朝嘉靖十年,卒于万历九年,短短50年的人生,真是令人扼腕叹息。然而,程一枝又是不朽的,他为太塘、为徽州、为中华民族留下了数百万字的精神财富和文化遗产。虽然有生之年他没有看到《程典》的出版,但若得知今日《程典》如此让世人推重,自己的心血没有白费,应该含笑九泉了。

参天大树,必有其根;怀山之水,必有其源。对于中国人来说,一部承载着家族荣耀历史的家谱,是生活在这个时代的人们与祖辈们最近距离的接触。但如今,真正翻阅过自己家谱的中国人越来越少了,这种传递着祖先们温情与回忆的家族史也似乎渐渐远离了我们的生活。借尘封了400多年的《程典》重新进入人们视线的机会,谨以此文纪念我们的先贤程一枝。

人生似锦堪裁剪

雷维新

2011 年秋天,德国著名旅游城市德累斯顿一家主流报纸,在头版介绍了一位来自中国的剪纸艺术家,并配发了大幅彩照。这位从榆村走出去的艺术家叫邓美生,他是应邀前去进行艺术交流的,一时间,"中国剪纸"成为这座文化大都会街头巷尾的热门话题。

与共和国同龄的邓美生,无疑是一位颇有造诣的剪纸艺术家,然而,回顾他的人生旅途,却让人不胜唏嘘。

一生坎坷的邓美生是一个平凡的人,他的平凡还在于承载着历史赋予的沉重家庭背景:阶级

邓美生

成分。家庭出身对于今天的人来说真是一种不可思议的新名词。若说当年,那样的生活那样的人生是无法"剪裁"的,人生好比是波涛上的浮尘落叶。同是过来人,我真不知道他们是如何支撑下来的。庆幸的是今日明朗的天已经更明朗了,嗟叹的是岁月已剥蚀了他们的一生,所剩的只有寄情和寄希望于下

一代的身上,力图去圆大学梦,去圆人生价值梦。时代已提供了一个广阔的平台,那么,把握自己,剪裁人生,还能用"亡羊补牢"来予以形容。

邓美生虽然不是出生在美国,但他降临人世时,母亲就去了美国。童年时随父亲回到家乡休宁榆村,在休宁中学高中毕业后,作为回乡知青又回到故里。命运随着时代而漂泊不定:耘田晒稻,板书代课,而后娶妻成家;落实政策后被招工进厂,接着下岗在家……五十知天命之年,为了儿子有一个较大的发展空间,回到阔别了30多年的上海,摆地摊做起小生意……

我很难把邓美生写好或勾勒好,但他的一生的确精彩,其精彩的事例也颇多,他本身就很有文化底子,不妨看看他从上海写来的书信:"……经营不景气,日渐亏损,我坐卧不安,我和儿子是要吃饭的呀,真可谓是'运交华盖欲何求,未敢翻身已碰头',孔乙己至此也只有脱下长衫了……"信里是讲他初到上海谋生的艰难:摆过地摊,扫过公厕,当过保安,处于社会最底层。那种艰难,常人难以想象。他之所以如此含辛茹苦,目的就是让儿子在上海求学。春蚕吐丝,蜡炬成灰,可怜天下父母心。

在上海的美生不知经过多少磨难后,拿起了剪刀——这才开始剪起了自己的精彩人生。

美生从小就喜欢剪纸,在百般无奈之下,他拿起了剪刀,不顾面子在繁华的上海街头开始卖艺,边走边剪边卖,想不到受到许多观众的青睐。他说:"这一天我非常高兴,因为我挣的不仅是钱,更重要的是收获了信心。"从此,他找到了展示自己才华的平台,在剪纸艺术领域里不断地探索、开拓、创新,终于脱颖而出,被上海豫园文化传播公司接纳,给了摊位,成了豫园民间艺术表演团的成员。从一个餐厅保安变成每天要接待海内外宾客的艺人,邓美生成功地进行了身份置换,揭开了人生新的篇章。

对于徽商,过去我们只是从文字上获得有限的了解,真正的状态,谁也无法还它一个真实,但我们从邓美生身上似乎读出了徽商的那种东西,那种坚韧不拔、百折不挠、勤奋谦恭的精神,这精神才是徽商的精髓。

我们说美生成功了,可他并不这样认为。他拿起剪刀究竟干什么呢?是雕虫小技,是民间艺术——剪纸。美生是个文化人,因为他的文化和他的修养,他把自己的天赋、自己的聪明才智在剪纸上展示得淋漓尽致;他的临场操剪令都市人喝彩,令国人喝彩,令世界为之喝彩,你说这还是雕虫小技吗?

"眼看到了年底更是忙得晕头转向,除了应付白天的生意,晚上还得常常外出到一些宾馆去表演,好在剑辉(儿子)可以帮我一把,他已基本上学会了我这门手艺;现在他已辞职,走子承父业这条路。新加坡老板今年仍然邀我去新加坡工作一个月,但由于年底忙,公司领导不放我出去,所以我让剑辉'代父出征',他于12月30号飞抵新加坡。我将于4月1日参加公司组织的民间艺术团赴法国西岸一个海滨城市'中国节'活动,历时12天,准备工作从现在就紧锣密鼓开始了。"这是2003年元旦美生写给榆村朋友的来信。

邓氏剪纸

这些年来,邓美生还多次走出国门到海外献艺,新加坡、马来西亚、法国、德国等,仅日本就去了十几次,累计在日本就生活了4年多。不过,他感到最满意、收获最大的是,儿子邓剑辉不仅已全面继承了"邓氏剪纸"的绝技,而且青出于蓝而胜于蓝,在艺术的天空中飞得更高更精彩。

邓剑辉美术功底不错,随父亲离开榆村又到上海同济大学读了3年美术专业,而且悟性很高,很快就"子承父业"接了邓美生的班,并独创了"剪制人像"这一新天地,把"邓氏剪纸"发挥到极致。2006年春天,邓剑辉应奥地利总理许塞尔的邀请,到维也纳议会大厦举办中国剪纸艺术个人展,奥地利总理、执政党主席和文化部、奥中友协等政要以及中国驻奥地利大使出席了隆重开幕式,邓剑辉当场为总理和主席剪了人像,此事在中央电视台《新闻联播》中做了报道。2015年7月,邓剑辉又应邀参加意大利米兰世博会,在中国大舞台上做了精彩表演。

　　田子坊是上海最早的创业园区,它以独特的、原汁原味的上海弄堂风情大受海内外游客的欢迎。2013年5月,邓美生父子移师田子坊,租一斗室做商铺,打出了"邓氏剪纸"的金字招牌。室雅何须大,艺精客来勤。上海、香港电视台做了专题报道,日本一家旅游媒体也以整版的篇幅做了介绍,"邓氏剪纸"一时成为田子坊的骄傲。

　　剪纸是中国历史最悠久、流传最广泛的民间艺术,是世界非物质文化遗产。邓美生说:"榆村是我们的根,我们将把毕生的精力献给剪纸艺术,做出更大成绩以回报故乡人民的哺育之恩。"

孙锐的砚雕艺术人生

叶天寿

孙 锐

孙锐,1985 出生于休宁县榆村乡富溪村,自小爱书画、喜雕刻。2002 年夏季的一天午后,孙锐在找朋友时,误打误撞闯进了歙砚雕刻大师方见尘的工作室。"他看我对砚雕蛮感兴趣的,就问我是否想学,我讲想。第二天,老师便从屯溪赶到榆村,上门拜访我父母,并征求意见。父母同意后,我当天便背着被条跟着老师走了,开始了砚雕生活。后来入行了,才知道老师在业内的影响力。4 年多的时间里,他手把手教了我很多歙砚雕刻和书画技艺,让我受益终身。"孙锐很庆幸自己能成为方见尘的嫡传弟子。他潜心学习,进步很快,深得恩师的赏识和喜爱。为了扩大视野,增加学识,他在黄山国画院进修 5 年,潜心学习歙砚技艺与书画;2007 年创办孙锐砚雕艺术工作室,潜心研究各派优点,取长补短。

孙锐对砚雕艺术有着自己的见解:"歙砚制作工艺是非物质文化遗产,需要一代代人传承下去。我喜欢歙砚,时间越久,了解歙砚越多,越觉得其中蕴藏着无尽的徽文化内涵很有味道。从最初的磨石开始,熟能生巧中一步步摸索、领悟砚雕的精妙。好的歙砚作品,应该是自然与创意的最佳结合,除了珍贵的石材外,还要根据石材天然的纹理、式样等进行创作,线条雕刻也得细腻、干净、流畅,人物形神兼备或山水藏意,才能展现出令人眼前一亮的艺术境界。"

十几年下来,孙锐渐渐在砚雕行业崭露头角。2008 年"南无观世音菩萨"参加第 43 届全国工艺品、旅游纪念品暨家居用品交易会上获得"金凤凰"创新产品设计大奖赛银奖;2010 年"吹箫引凤"获得中国文房四宝精品大奖赛金奖;2012 年"长乐"在中国文学艺术基金会、中国收藏家协会、中国工艺美术协会主办,安徽省文房四宝协会、中国文房四宝项目基金承办的首届中国歙砚大展上获奖。他也还被评为市级非物质文化遗产项目歙砚制作技艺代表性传承人。

长期从事歙砚艺术创作,在多年来的砚雕生涯中潜心研究,不断地学习,不断地创新,孙锐已形成了自己独特的风格:把砚的实用性和艺术性融为一体,主要刀法以浅浮雕,线条简洁,干净利落,擅长于山水、人物的雕刻,尤其重视线条的推敲和神韵的考量,人物表情丰富且饱满。山水以写意山水为主,充分尊重材料本身,讲究天人合一,在此基础上加上精心设计,以达到形神兼备的境界。

"不进则退",这是孙锐的座右铭,他说:"每个行业都是随时代不断变化而变化的,砚雕行业也是如此,需要融进时尚元素,跟上时代潮流。砚雕不能变的是精湛技艺与艺术品位,需要变化的是形式,比如可以进行网络推广、个性化定制等,让过去只是文人喜爱的文房雅品进入更多寻常人家,尤其是年轻人的视野之中。"改变传统思维,孙锐为此从中受益,每次接到订单后,他都在第一时间与客户沟通,尽力在作品中融进对方想法,故此很受欢迎。他的砚雕艺术作品在日本、美国、新加坡等国以及中国港、澳、台地区都有很高的声誉。

孙锐现在已经有了自己的加工厂,也收了几名徒弟,最小的是90后。授徒传艺期间,孙锐秉承师门严谨之风传承着砚雕传统技艺,经常结合自己的艺术创作进行言传身教,先教他们练好基本功,随后循序渐进地把砚雕技艺、表现手法以及合理布局等慢慢地渗透给他们。同时,他还着手建立自己的网络平台,他说:"通过网络,迎合年轻人的喜好,推广歙砚品牌,也能让更多人对以歙砚为代表的徽文化有更多的认识。"

榆村三大庙会

俞 群

　　榆村古代人大多是有神论者,所信的神既有佛教中的人物,如观世音、弥勒佛、地藏王、十八罗汉等,也有功高盖世、忠义千秋的历史人物,如汪公老爷(汪华)、关公大帝(关羽)、周王菩萨(周处)、将军老爷(张巡)等,还有一些说不清来历的神灵,如灶司老爷、土地公公等。

　　有神就有庙。旧时榆村多寺庙,其中影响最大的当数供奉张巡将军的榆村圣坛庙,供奉关公大帝的酒店莲堂庙和供奉地藏王的富溪地藏庙;这三处庙堂不仅平日香客众多,而且每年都要举办盛大的庙会。兹将有关情况记录如下。

榆村圣坛庙会

　　圣坛庙设在榆村廊亭街的戏台巷内,供奉的是唐代张巡将军。张巡(708—757)是开元末年进士,安史之乱时奉命先守雍丘,后守睢阳,与许远等人血战叛军400余次,歼敌12万;后来因弹尽粮绝、士卒死伤殆尽被俘遇害,时为七月二十四日。唐王朝后来追封张巡为邓国公,大中二年(848)绘像悬于凌烟阁;至明清,得以从祀历代帝王庙。

榆村历来崇拜民族英雄,特设圣堂庙祭祀张巡。庙堂坐北朝南,规模虽不宏大,但神像极其威武:右手紧握狼牙大棒,双目圆睁,脸上布满剑疤,这一死难之日的悲壮造型,分外赢得村人的尊重和敬仰。圣坛庙对面有座万年台,是村人专门用来酬神演戏的;正月迎春戏,四月保麦戏,九月重阳戏,腊月辞岁戏,轮番在万年台上出演。每当演戏时,圣坛庙都是中门大开,让面南而坐的张巡将军一饱眼福。每年农历七月二十四,村人还要为张巡举行盛大的庙会。届时,神像重新开光,四乡八村的香客前来朝拜;万年台上的戏一唱就是两天三夜,还非得来个"两头红"(从日落唱到日出)。

除了张巡的"忌日"外,圣坛庙会还有每年的农历九月十一。毗邻榆村不足2华里的歙县黄坑古寺,供奉着一个叫周处的"周王菩萨",因周处生前也是一位忠心报国、后来战死沙场的民族英雄,故此徽州民间多有寺庙供奉。"生于严州,死于衢州,显圣于徽州",据说周王菩萨在徽州特别灵验,信士弟子有求必应,所以也就特别忙。每月九月初三从黄坑寺下座,直忙到九月十八才归位,这期间要赶十八家庙会,比如临溪的九月初九、商山的九月十六,有时一天要跑两个地方。"神像多年色未改,重开生面号开光。神作贺来神迎送,始则呼猖复犒猖",清代诗人吴梅颠在《徽竹枝词》中所说的正是黄坑古寺中的这位周王菩萨。

榆村人要在九月十一摆出全副仪仗,到黄坑寺中隆重接来周王菩萨,然后与圣坛庙中的将军老爷一起,并排坐进八人抬的大轿里,吹吹打打、前呼后拥地在村里大街小巷中巡游;晚上,两个菩萨并肩坐在圣坛庙的大殿之上,共同观赏对面万年台上的京剧表演,共同接受民间百姓供奉的香火。这也是圣坛庙会的一大特色,两个庙宇的两个不同时代的神灵,竟然被安排在一起"人神同乐",也许这也是榆村人崇拜民族英烈情结之使然吧。

酒店村莲堂庙会

莲堂庙是酒店村历史上一座标志性建筑,地处村东鳌形山坡之上。庙堂四周,苍松翠柏高耸,径尺金竹环立,将一座红墙黛瓦的古刹围护得严严实实。

正殿供奉着主神关公大帝,周仓持刀护卫,十八罗汉分列两旁,面目狰狞的哼哈二将守在门后;彩绘的天棚之上祥云舒卷,粉墙两厢留有依稀可辨的壁画,整个殿堂弥漫着一种肃穆、神秘的色彩和氛围。

在徽州,关羽这个人物可谓是家喻户晓,人们敬仰他"义薄千秋"的气节,世代建祠祭祀,让他永世享受人间烟火。徽州供奉关羽的寺庙众多,据说还是酒店村莲堂庙的关公大帝最为灵验,所以闻名遐迩、众望所归,连浙江淳安、开化一带不少信徒,也都沿着"徽开古道"翻山越岭慕名前来朝圣礼佛。

农历六月二十四是关公大帝的诞辰,每年的这一日,莲堂庙都要为关公举行盛大而隆重的开光仪式。届时,皖、浙两地的香客云集,庙堂内红烛高烧,香烟缭绕,木鱼咚咚,经声琅琅,善男信女们顶礼膜拜,虔诚至极。为了便于香客、游人的出入,庙祝不惜耗费人力、财力在庙堂四周修筑便道,搭建便桥,借以广结善缘,此举深得世人赞誉,这也是莲堂庙会之所以年年兴盛的一个主要因素。

庙会为期三天,当然就要唱上两天三夜的大戏,有时还要请来两个戏班打擂台;所唱的大多是歌颂关羽功德的三国戏,但绝对不允许上演《走麦城》。直到新中国成立后初期,莲堂庙菩萨最后一次开光时,还请来了屯溪京剧团上演了《华容道》等传统剧目。

莲堂庙会也为外地香客带来了商机。酒店一带乡村是著名的"屯绿"产区,茶季需要雇佣大量的采茶女工。淳安的香客每年总是像候鸟一样,到时携亲带友、不约而同前来当"茶客",东家包吃包住,工钱按日结算,茶季结束还赠送返乡路费;收入不薄的"茶客",临走之前总要到莲堂庙里拜谢关公大帝。

莲堂庙周围的参天古木大多是栋梁之材,后来因"民之所需"都被砍伐。民国三十六年,富溪村西的六架石桥被洪水冲毁,需要更换桥梁。因此桥是徽开古道上必经之地,酒店村就贡献了莲堂庙旁一根巨大的苦槠树,并用20多个精壮后生抬到修桥处。更可惜的是,莲堂庙已彻底毁于"文革"期间,如今仅存遗址。

富溪村地藏庙会

地藏古庙坐落在富溪村东,是地藏王菩萨的道场,据说由汪氏族人兴建于明代。

古庙有住持僧,暮鼓晨钟,诵经礼佛,平时倒也清净;但到了每年的七月三十日,似乎一夜之间就变得人声鼎沸、繁华如市了,这便是地藏王菩萨圆寂日的传统庙会。

旧时,富溪村民七月二十六就要"擦烂锅",将家中的锅盆碗筷洗涮干净,不留半点秽污腥气,并要全村吃斋三天。三十日晚上,家家户户点燃"地藏香",地上支瓦片,呈灯形,内置油膏、香屑之类,大街小巷皆是,点燃后形同白昼。民间一说"地藏香"是祀地藏王。

庙会期间,香客众多,大殿里整日回响着"南无大愿地藏王菩萨……"的诵经声。供佛的形式有多种,上供品、捐钱币、烧香点烛等,而"以身献佛"最能表示敬意。民国初年,浙江开化一位中年女客,居然在大殿上将三根通红的香头按到右臂肉上,烧得吱吱作响……"念佛一声,增福无量""礼佛一拜,罪灭沙河",佛经上所描绘的美满结果,足以使信徒们纵然赴汤蹈火也在所不辞了。敬佛的目的也有多样,有许愿还愿的,有祈福消灾的,有带着孩子前来办理"寄门团"(将孩子过继给菩萨当干儿子)的;更有要求皈依佛门的:在菩萨面前许个愿,从主持手里"请"(不能说"买")一张"皈依证",就成了三宝弟子,这些人不落发、不吃斋,要的就是"佛门弟子"这个身份。

"放荷灯"也是地藏庙会的一大亮点。荷灯又叫放生灯,用纸折叠而成荷花状,内置少许香灰,香灰上放数枚樟脑丸。七月三十日暮色渐渐降临,众香客在僧人的引导下,来到庙西的珮琅河边,将一盏盏点燃的荷灯放入水中,顿时,灯在花中闪烁,花在水面漂浮,似群荷临风摇曳,风情万种,仿佛真的把人们带到佛国的极乐世界。放荷灯的同时,还要举办"放生"仪式,将预先准备好的鲤鱼、甲鱼等水族放生于珮琅河,使之化鲤成龙,永佑人间。

唱戏娱神,是徽州所有庙会的经典之作,也是人们赶庙会的主要兴趣点。古时农村没有什么文化活动,一年之中难得看上一场戏,而庙会往往使人们过足了戏瘾,尤其是地处偏远的山村,乡民们哪里有庙会就往哪里赶,看戏,成了人们一道难得的文化大餐。赶庙会关键就在那个"赶"字,四面八方的人一"赶"一"聚",人气就旺了;人气旺了,也就有热闹看了。地藏庙存有厚实的戏台板材,每年庙会都搭台唱戏,而且一唱就是五本,雷打不动。农历七月底,秋收未至,正值农闲,故此每年庙会都是人山人海,盛况空前。地藏古庙唯一一次不在庙会期间演戏的是 1945 年 8 月,乡民们搭台唱戏,隆重庆祝抗日战争取得伟大胜利;由于这次戏台是搭建在村民唐加礼的地里,为了便于观众看戏,唐加礼毫不犹豫地将尚未完全成熟的玉米全部掰掉,这种牺牲精神得到了广泛赞誉,也体现了富溪村风之淳朴。

地藏古庙毁于 20 世纪 60 年代末,但历史上的盛况让村人难以释怀。今年 94 岁的杨宗奇老人心疼地说:"庙被拆了,许多文物都毁了。可惜大殿上那块用竹编工艺制成的'佛法无边'四个大字的巨匾,人们至今还不知道它的下落!"

庙 会

廊亭街上商号多

俞　群

　　榆村廊亭街属商业区,历史上远近闻名,鼎盛时期在民国初年,甚为繁华。由于当时附近乡村都无商店设立,石门源、白际源、横关源,各处乡村农民,需要南北杂货、粮食糕饼、京广洋货、猪肉油盐、烟酒酱油等货,都到榆村廊亭街采购,加上榆村、富溪两村居民,日常用品一针一线,都要供应,所以各商店营业额,以年计算,颇为可观。兹将廊亭街上的商号详细介绍如下:

　　姚记糕点店　店主姚连观,专门精制长方米粉条糕,两方块相连,糕面上分两个红色框框,当中分列"状、元、及、第"四个红字,糕芯用白糖拌的红豆沙为馅,味甜酥软,名称"豆沙粉糕",每日早晨,由他子女拎篮,串门走户,沿街叫卖,颇受顾客欢迎,远近闻名,遇有婚姻喜事,有大宗生意,就以平日而论,销路甚广。

　　胡裕茂豆腐店　店主胡细林,专制豆腐干、水豆腐、豆腐衣等,技术精湛,产品畅销,后来胡细林病故,子女年幼,无能继承而停歇。抗日战争时间,由叶茂租赁他家店屋,开设久和槽坊,专制酱油,范围不大,业务很小。

　　观松银匠店　系李观松一人专门为顾客加工、精制金银首饰。新中国成立后,观松病故,他的家属也离开榆村迁移至阳湖居住。

铁器店 店主周本专门打铁器家具,手艺超群,业务很好,后来他本人病故,家人迁到富溪居住。

邵万资堂 店主邵其祥,专营各种药材,为人正直,对待顾客,礼貌谦让,遇有病家抓药没有现金,他照常赊销供应,济人之急,从无异议,颇受远近顾客赞许。该号店堂内挂有一副对联:"掺合虽无人见,心自有天知",可知邵其祥尊重商德。新中国成立后榆村只需设立一家药店,因此邵万资堂合并在内,合作药店设在上街,邵家店屋被改作住宅了。

李振泰号 与邵万资堂紧邻,也是经营药材。店主李祯,中年继承父业,性格强势,时常与邵家口角,继则动手行武。邵家两个儿子经商于沪杭,三子年幼正在读书,邵本人年老力衰,因此每次邵家妇孺总是被殴打成伤。状告于县府,前后打官司不下十余次,李家终于败诉,药材店收歇,李祯改行在上街开设茶号,盈利甚大。

曹馀生号 店主系隆阜曹植斋上祖出资,雇人在榆村下街开设,专营南北杂货,粮食糕饼,京广洋货布匹,烤制旱烟,自制五香茶干。全店职工共有20余人,由鲍步青经理,经营范围很大,可算是榆村最大的一家商店。讲究货真价实、薄利多销,打的都是"诚信牌"。粮食糕饼、旱烟茶干,是雇专工制作,除门市出售外,还大量批发与本村和附近乡村店铺出售,范围很大。礼貌对人,茶烟待客;午饭时间,遇到远路顾客,总是招待便饭,不收分文。抗战胜利后,鲍步青经理病故,另派人员接任,终不能完善,因此停歇。原店屋由鲍经理长孙鲍济安承租,独资经营小商店,新中国成立后并入合作商店。

罗益隆号 店主罗锔祯,系曹馀生号鲍经理之外甥,幼年即在上街广隆号做学徒,性喜好学,对于经商经验,努力学习,用心专研,不甘寄人篱下,立誓要另创基业。有志者事竟成,他青年时代就在曹馀生隔壁开设"罗益隆号",专营京广洋货、粮食糕饼、南北杂货,还承租曹馀生号的榨烟工具,雇工自制旱烟,除在门市供应,还做批发给予各处商店出售,营业范围很大,垄断了方圆几十里市场。

1953年,罗锦祯见休宁电灯厂濒临倒闭,即投资13000元购买了柴油机、木炭机和交流发电机等新设备,走向了休宁电业史上的新时代,此事是上了《休宁县志》的。以后他又将罗益隆号全部存货资金,自动归并于临溪供销社内,本人也调到区供销社内工作。

程聚铁匠铺 系程聚个人携带学徒,专制铁器炊具,手艺超群,颇受四乡农民欢迎,乐于请他加工农具。

吴佩书豆腐店 专制各式豆腐,供销本村,营业平常。后来吴佩书年老病故,即停歇。

复隆轿行 主人白永阳,为适应旧时年老人士和小脚太太、小姐出门串亲戚家,他邀集一些劳苦人工,以抬轿为业,专为上列人士服务。旧社会风俗习惯,结婚嫁娶,必须以花轿迎接新娘,四名轿夫抬花轿,四名轿夫提红纱灯,在前引导,此乃旧式婚礼中不可缺少的。后来汽车通行,交通便利,娶亲不用花轿,因此停歇。原有房屋由郑桂开设郑炳昌肉店。

同福号 店主桂新发,系木漆工匠出身,雇佣工匠数人,专门制造木器家具、屋宇、寿器等等,工匠手艺都算得上乘。榆村附近人家,造屋打家具,多数都是由他家承包制造。后来有些工匠要求解雇,自行另设作坊。桂新发年老病故,因其两个儿子都以务农为业,同福号即停歇。

合记酒店 系程国庆邀同歙县一位吴某合股开设,出售烧酒,生意尚兴隆,货品来源系由吴某在歙县王村酒厂批发而来。后来程国庆应他亲友之邀,在上海中国建工制帽厂供职,故与吴某分开,不久该店也就收歇。

新记轿行 系白新志开设,情况与白永阳轿行相似。停歇后,原有房屋由唐转运承租,开设万鑫昌丝线店,还兼营小百货;唐本人病故,其妻又系神经病患者,无法继续,只得收歇,遗子务农,原屋退租。

太兴上鞋铺 系王太兴鞋匠专为户家上鞋而设,昔年乡村多数农民还是自制布底鞋穿,以榆村来讲,地广人众,只有一家代客加工上鞋店,真是应接不暇,因此太兴上鞋铺业务很忙。后来农民生活逐步改善,也购置各种新式皮底鞋穿,自制布底鞋渐渐打消,因此只得停歇,离开榆村他迁。后来该屋由章寿勤承租,开设豆腐店,精制各式豆腐,时间只有 2 年,旋即停歇。

朱源和酒坊 系黎阳朱冬海开设,范围不小,每天出酒,除门市供应外,还大量批发与邻近村乡以及本村各商店行销,业务范围甚广;后因房屋问题,仍旧迁回黎阳,该处房屋由施姓购置作为住宅。

义发纸扎店 系范细财开设,专门精制各种彩灯,如麒麟送子灯、状元及第灯、狮子滚球灯、六角走马灯、凤凰灯、鲤鱼等,以及历史上英雄人物灯,还有结婚迎亲花轿、新娘礼服凤冠霞帔等出租,应有尽有。范细财纸扎手艺超群,扎一样像一样,活灵活现,石门、岭后、白际、岭脚两条源头人家,遇有需要上纸扎货品以及租赁花轿、新娘礼服,总是乐与范细财交易,业务量不少于屯溪街纸扎店。后因范细财病故,继子年幼,无能继承,遂告停歇。

协茂包店　系高瑞卿开设,专制各式糕粉、肉包烧卖、切面、豆沙面粿等,因货真价实,本村各户以及附近乡村人士都喜与高端卿交易。高瑞卿中年病故,无人接替,因而停歇。

永安祥杂货店　系汪体安开设,专营南北杂货,营业平常,因为当时榆村街有曹馀生、唐大昌、震昌、广隆、合义祥等号,范围比他家广,资本也比他家雄厚,而且拥有各处源头老顾客,所以生意每况愈下。新中国成立后该店并入区合作商店,汪体安也调去服务了。

刘镇记理发店　系刘镇林开设,雇佣几位能用推剪新发式的理发师,在当时来讲,可算得是榆村第一的理发店,内部设备,与屯溪街上理发店相仿,背靠大旋转椅、玻璃大镜、龙头洗脸盆、洋剪洋刀等等。一般农村顾客,要想将头发整理得新型些,都到他家理发;如果人多拥挤,情愿坐在旁边等候,可谓盛极一时。后来包义财到榆村来,在戏台巷口开设一爿与他家相等的理发店,分去他家许多业务。后来刘镇林病故,其子又经商在沪,无人继承,该店合并包家共同经营。新中国成立后走上合作化,榆村只有一家理发店,仍在原址。

盛昌肉店　系李文状开设,他本是曹馀生号的糕饼师,因故脱离改号,而在上街开设肉铺;由于他在榆村多年,人事熟悉,而且他又善于交际,到四乡收购生猪,易于成交,因此他店经营得法。后又投资与江开文等合资开设合义祥南货铺店,每年收入甚多,家道丰富。新中国成立后,李文状病故,由其长子李庭将店业合并入合作商店。

高观震成衣铺　系高观震开设,专为顾客制作各种服装,携带长子龙祥、次子万祥,父子三人,手艺高超,业务很好;后因该处房屋东家另要取用,他只得迁到唐大昌附近住家,为顾客制作成衣。

合义祥糕饼店　江开文在抗战时由赣省回到桃溪原籍,邀集股东在榆村上街开设此店,专营南北杂货、粮食糕饼、粮食油盐,因地处太阳桥头的热闹街心,来往人众,业务比较繁忙。新中国成立后江开文病故,由其子江祖武将店并入合作商店。

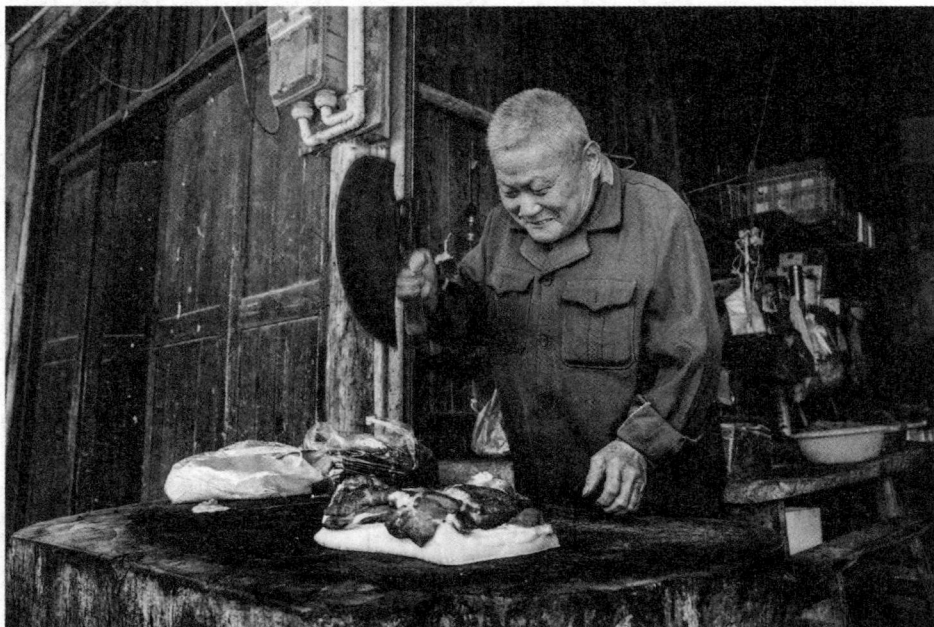

肉　铺

唐玉源肉店　店主唐玉枝独资经营,历有年数。因他年富力强,每日上午自己宰杀肉猪,由他妻子掌握门市生意,他本人即串乡收购肉猪,或代户家宰杀猪后收购净肉,运回店来出售,夫妻二人善于经营,盈利很大。他家五个儿子都能自力更生,各尽所能,分别在屯溪开设烟店、肉铺。新中国成立后唐玉枝夫妻先后病故,唐玉源号遂告收歇。

包记理发店　系包义财开设,内部装潢风格与刘镇记理发店相等,雇有理发师,业务量也不低于刘镇记。后来因刘镇林病故,其子经商上海,就由包义财与他家合并经营。新中国成立后整个榆村理发工人合作在刘镇记原址,设立榆村理发店。

许振茂豆腐店　系许排开设,雇佣精制豆腐的师傅,每日制作各式豆腐,范围可算榆村第一家;其子伯枝也学成技术,与雇来的师傅共同制作。后来许排夫妻相继病故,由伯枝夫妻二人继承。新中国成立后,伯枝夫妻也先后病故,他的两个儿子未曾学习做豆腐技术,都是以农为业。

梁文铁匠店 系梁文个人开设,专为顾客加工,精制各种铁器家伙。其子梁付年幼,都是由他妻子打二锤。梁付成年后性喜游泳、捕鱼,不会打铁,所以梁文病故后无人继承而停歇。

高细囡剃头店 系高细囡与胞弟德仿合作,为人剃头理发。细囡剃头刀法纯熟,技术很好,可惜不会推剪新发型;德仿技术较差,在20世纪20年代,为适应顾客要求,另雇擅长新式理发师老何师傅进店,挽回了许多顾客。囡图兄弟相继病故后,该店由老何师傅继续下去;新中国成立后老何师傅病故,由其义子

榆村铁匠铺

余发继承,合作化时代,余发并入合作理发店内。

大昌号 系唐友仁上祖开设,至民国时代,由唐友仁经理,专营南北杂货、猪肉切面、五香茶干、粮食油盐。雇佣糕饼师傅数人,制作各式糕饼,尤以酥糖、麻饼、杏仁酥、蛋糕等最为出色,颇受顾客欢迎。又雇佣豆腐工匠,自制豆腐干,内加茴香冰糖,其味香甜,名叫"五香茶干",闻名远近。另又制作水酒,生意很好。黄坑寺、大坞、横关源各处乡村人士,都是大昌长年顾客,肉猪也是以上地方户家供应。营销范围很大,门庭若市,至20世纪40年代,唐友仁病故,改号无人主持,生意衰微而最终停歇。

德进豆腐店 德进原来在大昌号做五香茶干,独立后专做各种豆腐。德进病故后,改由胡兆仿继续经营;新中国成立后兆仿回到原籍,该店停歇。

何保元堂 系安庆人何老二来榆村开设的,专营各种药材,顾客多数都是邻近乡村安庆籍同乡人。抗日战争胜利后,该店收歇,何老二回原籍。

裕记饭馆 系唐裕开设,专营便菜便饭,供应过往旅客,生意一般化。抗战后,唐裕病故,其子经商在外,就此停歇。

唐永记号 系唐友琴开设,专营南北杂货、粮食、糕饼、水酒,后来又收购茶叶,经营得很好。20世纪30年代的一个夏天晚上,一群强盗到他家店内抢

劫;唐友琴当时被刀刺伤,其妻患病卧床,经过这次惊吓,没有几天就离开人世。友琴本人经由新安名医程六如急救治疗,后渐渐好转。当夜盗案发生,时间还早,村民尚在街上廊亭内纳凉,闻警奋力围捕,结果当场捕获强盗一名,送县法办,以后审讯判死刑,即行枪决。抗战初期,唐友琴病故,他的两个儿子在外经商,永记号就告收歇。

震昌号　系谢公望租赁唐永记号原址店屋开设,专营南北杂货、粮食油盐,也雇佣糕饼师傅,制作各式糕饼,生意很好。20世纪40年代,谢子宗惠到沪学习商业,以后谢公望将该号收歇,并于1947年也到上海经商。

立济堂药材店　在上街,系邵明进脱离了邵万资堂以后开设的,专营药材。此时上桥何保源堂已停歇,只有他这一家,因此山里各个源头顾客来榆村抓药,总是做他家生意。1947年,邵明进因犯案被押于休宁法院监狱,该店由其长子邵宗华继承经营,新中国成立后合并入榆村合作药店。

广隆号　系鲍雨春开设,专营南北杂货、京广洋货、腌腊油烟、粮食烟酒,除粮食糕饼系曹馀生号供应,其他货品都向屯溪商店批发而来,生意很好。新中国成立后,鲍雨春病故,由其长子鲍龙祥经营至合作化合并为止。

尹四十园作　系尹四十开设,专为户家制作各式尿盆坐桶、大小洗衣盆桶、水桶粪桶等等,手艺超群。尹四十有子四人,都有制作上列手艺,后因尹四十年老病故,四子分炊,各自建造房屋,继承父业各开园作。

永隆杂货店　系程义由外埠回家独资开设,范围不大,专营各种杂货。中年病故,旋而停歇。

高源聚号　系高钧衡开设,专制各式糕点、粉糕、麦粿、烧卖、馅包。粉糕系用豆沙拌糖做芯,麦粿有黄豆粉甜、咸两种,烧卖用肉或用糯米作芯,馅包系用肉或用白糖做馅。以上各件非常美味,颇为食客欢迎。该店虽地处榆村廊亭街最上尽头处,但因出品优良,顾客宁愿多走些路,也愿意去他家购买。后因高钧衡病故,由其二儿子高德松将店迁到中街继续经营。

祥记号　系汪祥开设,专制红蜡烛出售,兼营杂货,范围不大。

谢德昌豆腐店　专做各种豆腐,营业尚佳,店主病故后,由其子谢正道继承制作。谢正道病给,因其子在外埠药铺工作,旋即停歇。

海松棕匠店　系汪海松开设,专为客家加工棕索、串棕绷等,如无货品加工,就收购棕毛打制绳索,门市出售,榆村只有这一家棕匠店,业务很好,新中国成立后迁至中街营业。

下饭店 系章全福开设,专为过往客商提供食宿方便,宾客如归,颇有口碑。

上饭店 系章三茂开设,价廉物美,招待周到,广为顾客称许。

榆村廊亭街上的商家一般都是前店后坊,产品较有影响的有姚连观家的豆沙粉糕、曹馀生号的五香茶干、罗益隆号的贡绿兰香旱烟、同福号的木器家具、朱源和家的甜蜜水酒、义发的纸扎彩灯、大昌号的酥糖饼、高源聚的糕点等等。新中国成立后,合作商店、供销社在四乡八村全面开花,廊亭街也就慢慢地失去了商贸中心的地位。此外,还有一些资本雄厚的钱庄、当铺,都坐落于廊亭街后的高墙大院之内,经营之道,秘不示人。但一些店名倒成了地理坐标,甚至成为地名,如"老当铺村民小组"。

太塘御牌楼传奇

胡守志

紫宸近侍坊

太塘,位于榆村乡西面,距乡政府驻地富溪村2公里,是一个历史文化底蕴十分丰厚的古村落,也是一个山清水秀、物华天宝的生态新农村。在水口农民公园旁的大道上,耸立着一座建于明代万历年间的御牌楼,坊名"紫宸近侍",为程元化而立。俗话说,无功不受禄,无德难建坊。程元化是何许人也?为何有此殊恩?经历过400多年风雨的御牌楼,为我们讲述了下面的这个故事。

大户人家的读书郎

明朝嘉靖年间,太塘村出了一个神童,名叫程元化,是世代经商、富甲休宁的程参的大儿子,6岁时入家塾读书,10岁时就能吟诗作对,出口成章,在当地颇有名气。一年冬至临近,程参回乡祭祖之后,特地拣了个黄道吉日,要教书先生带上程元化与他出行,他要当面试试儿子是否徒有虚名。走到村北的铁匠铺前,程参面对通红的炉火,突然出题:"火红炭黑灰似雪",要求儿子现场应对。先生感到此联对于一个 10 岁的孩童来说,有些难度,但又不能面授机宜、越俎代庖,心想东家要出他洋相了。谁知小元化见一农夫挑着一担稻谷去水碓房加工,顿时脱口而出:"谷黄米白粉如霜。"在后花园的水池边,程参又以群鸭戏水为题:"十鸭十池,数数两双三对。"此联刁巧,以数布局,稍有不工,便告失手。此时的先生真有些急了,因为连他自己也难以续对。但小元化胸有成竹,指着池中的一尾大红鲤鱼,说出了自己的下联:"一鱼一尺,量量九寸十分。"对仗得十分工整、天衣无缝,连先生也不由得大声叫好。经过这场面试,程参知道了儿子是真有才智的;来年开春,他不仅将程元化送到歙县紫阳书院读书,而且还要求二儿子程元忠、三儿子程元修一定要刻苦读书,将来做一个对国家有贡献的人。

皇帝身边的"红人"

十年寒窗无人问,一举成名天下知。程元化不负家人的期盼,终于在科举之路上崭露头角。进士及第后初任宛平县丞,后因为官清廉,颇有政绩,造福百姓,口碑甚佳,被提拔到皇城内鸿胪寺任序班之职。

鸿胪寺是个非常重要的部门。凡国家大典、郊庙、祭祀、朝会、宴飨、经筵、册封、进历、传制、奏捷等礼仪之事尽在其中,外吏朝觐、诸藩入贡和百官使臣之复命、谢恩,都由鸿胪寺引奏。还有岁正旦、上元、重午、重九……皆赞百官行礼。明制鸿胪寺卿为主管,序班为鸿胪寺卿的副手。

论职位,程元化官品不高,但由于有在皇宫安排属员工作的便利,倒让他有机会成为皇帝身边的"红人"。作为鸿胪寺的"二当家",程元化所管的有关礼仪方面的事很多,有的还关系到国家的形象和朝廷的威严;而皇帝唯我独尊,有时定好的事儿说取消就取消了,有时未安排的事说办就要办到,这就需要随机应变,及时采取补救措施,既不能坏了规矩,又要让皇上高兴。在外人眼中,能经常与皇上打交道的鸿胪寺序班是个炙手可热的人物。其实,深谙其道的程元化却是如履薄冰,整日里小心翼翼,事无巨细,事必躬亲。也多亏他精明能干,善于交际,勤于政务,从不渎职,低调做人,也绝不做以权谋私之事,其高尚的人品得到众官员的公认。为此,他也得到了皇上的信任和喜欢。

蒙冤遣乡遭杀身之祸

木秀于林,风必摧之。刚正不阿、任劳任怨的程元化,终于遭到官场潜规则的暗算。一日,一位姓陈的御史状告程元化有"仗权索贿"之嫌疑,不宜重用。偏巧这天皇上心里不愉快,再加上平日对程元化办事太过认真也略有些看法,此时看了折子不由得龙颜大怒,先是将他骂了个狗血喷头,而后还不解气,喝令推出斩首;经百官苦谏保奏,方免死罪,不容程元化分辩半句,将其削职于民,押解回乡。临行时,皇上密诏押解官,说在还乡的路上,程元化若要哭、笑、回头,三条犯一,即行斩首。

从北京到徽州,千里迢迢。程元化尽管有天大的冤屈需要申诉,有满腹的愤怒需要发泄,但他选择了沉默,一路上不言不语、不哭不笑,当然也不回首;直到太塘水口,这位久离故乡的游子,望着有他宗祠祖庙、亲友乡邻的山村,终于捋须大笑起来,也许这位忠君志士此刻已明白了"伴君如伴虎"的哲理吧。

然而,就在程元化的笑声未落之际,他的人头已经落地了。

平反敕建御牌楼

过了一年之后,历史证明程元化是清白的,朝中有人为他鸣不平了,上书要求为其平反昭雪,严惩诬告者及杀害忠良的凶手。皇帝本来早就忘掉了这桩公案,此时为了笼络人心,维护其封建统治,于是见本即刻准奏。陈御史虽说已死了半年有余,但因有"诬告"罪,也难逃开棺戮尸之灾;又宣来押解官,责问他为何要杀戮忠良。押解官据实解释之,谁知皇帝却大声斥道:"朕只是说不许他在路上哭、笑、回头,程元化既然已回到了家乡水口,为何不能大笑?"怪押解官违旨错杀了人,责令他打造一个九斤半重的金头赔给程元化。押解官此时是哑巴吃黄连,有苦说不出,只得遵旨照办。皇帝还敕令在太塘水口建御牌楼一座,以标榜忠勋之功德。

御牌楼高 10 米、宽 8 米,为四柱三层门楼式石结构,上书"紫宸近侍""鸿胪寺序班"等字样,两边雕刻着人物、山水、鸟兽及花卉等图案,中间立柱边四座 6 尺多高的石雕狮子,给人一种威严感。御牌楼在古时候是皇帝权力的标志,按照封建社会的礼仪,文官至此要下轿,武将至此要下马,否则就有欺君之罪。这样说来,皇帝也算对得起程元化了,其实不然。据讲程元化阴魂不散,找到宫中对皇帝说:感谢陛下恩赐金头一颗,无奈人头不是韭菜,割了还能长出来,纵然赔我十颗金头,也难让我再生了。皇上执法无度,曲直不分,即使给我造十座牌楼,也难抚天下人之心。金头,空人情也! 御牌楼,骗人之物也!

程元化无疑是太塘人的骄傲,但押解官赔给的那颗"九斤半"则令更多人予以关注。据传当年程元化重葬时有九口棺材同时出村,由于官方封锁严实,金头落在何地也是一个令人难以解开的谜团。倒是"文革"期间,某些人打着"破四旧"的旗号,明目张胆地到处开挖古坟找金头,害得许多死者也遭到陈御史的厄运:开棺戮尸,曝尸荒野。这些财迷们到底挖到了金头没有? 答案是肯定的:否! 程元化已受了一次失去真头之苦了,焉能再轻易地让假头又丢掉呢?

节孝牌坊历险记

胡守志

　　题记:富溪恩谌松筠坊建于清代乾隆二十二年(1757),为旌表中宪大夫汪以宝之妻程氏节孝而立,四柱三层冲天式,宽约10米,青石精雕而成。额上方正中书"圣旨"二字,其下横刻"恩谌松筠"四字,两边有小楷铭文,书法刚劲,至今清晰。节孝牌坊成为休宁县重点文物保护单位。

富溪节孝坊

泣血哀荣

清朝康熙年间,在京城任中宪大夫之职的汪以宝不幸病逝,年仅 26 岁。

噩耗传来,汪以宝的家乡——徽州府休宁县富溪村青石大院里一片哭声。悲痛欲绝的程氏当时只有 21 岁,出生于榆村大户人家,嫁到汪家不足 2 年。如今,丈夫撒手西去,上有老母在堂需要赡养,下有娇儿嗷嗷待哺,以后的日子怎么过啊!

青石大院是汪家祖宅,主楼有五进五开间,整个建筑群有 36 个天井、72 个槛窗,雕梁画栋,气势恢宏。汪氏是徽州望族,族人众多,族规颇严,特别要求妇女"三从四德""从一而终",封建礼教观念根深蒂固,决不允许族人越雷池半步。

从此,风华正茂的程氏只能是终年素服,不施脂粉,深居简出,心如古井。她侍奉婆母,体贴入微,晨昏定省,不敢懈怠;一次婆母病重,医药无效,竟割下自己的股肉煨汤进奉。含辛茹苦地将儿子养大,督其读书走向仕途,得以光宗耀祖。婆母去世了,儿子远走高飞了,她也老了;与青灯古佛为伴,吃斋念经,直到 80 岁无疾而终。

程氏"早寡抚孤守节 60 年",其气节冰心玉洁,其孝行感天动地。为此,族人上书要求褒奖,官府上奏要求旌表,于是,皇帝下旨为程氏兴建一座节孝坊。

乾隆二十二年春,富溪村水口举行了恩谌松筠坊落成典礼,两江总督鄂安等七品以上 14 名省、府、县的有关官员都到场拜祭,场面极其隆重,汪氏族人也倍感荣光。殊不知,这是一份泣血的哀荣,人们至今还不知晓牌坊主人程氏的名字叫什么。

命途多舛

1967 年暮春,"文革"风暴骤起。"破旧国手"焚烧了村中大量的谱牒文书、典籍古画,捣毁了众多的文物古迹之后,首次将黑手伸向刚刚度过 210 周岁生日的恩谌松筠坊。策划此事的是县派工作组一位叫老崔的人,与狂热的红卫兵不同,颇有心计的他以"修建水口桥,造福于民"为名,要拆掉牌坊"化腐朽为神奇"。在那万马齐暗的时代,村民们敢怒不敢言,唯以消极怠工来应付。半个月过去了,牌坊仅被拆去10块抱鼓石。老崔为此大怒,喝令众人第二天一定要把牌坊彻底推倒。也许是"天不灭曹"吧,当天下午老崔生急病住进了医院;随后工作组也撤了,拆牌坊的事也就不了了之。

没想到的是,侥幸逃过一劫的节孝坊,30年后又遭厄运,再次面临重大危机。1999年冬天,天气特别冷。县里要将富溪村的牌坊迁至古城岩古徽州文化村以集中保护。此事一经传出,全村人一片哗然。他们有的投书上级,陈述此举有悖于《文物法》;有的言辞激烈,甚至扬言不惜以身试法;留住牌坊不外迁,一时成为村民们的共识,他们自发地轮流值班,日夜监护。也许是民心难违,生怕发生什么不测事件;也许是牌坊处于河对岸,不通公路难以运输?也许是上级的上级有什么新精神。总之,不知出于什么原因,后来县里收回了强拆强迁的成命,节孝坊再次化险为夷。

2000年被迁至古城岩的牌坊有商山的大夫坊、前世牌楼,蓝渡的龙源坊,五城的柏府崇阶坊,渠口的孝子坊,其中明代的3座、清代的2座。故此富溪村民戏曰:当年我们如果不阻止,如今看恩谌松筠坊就得到古城岩去了。

劫后重生

似乎是上苍有意要磨炼节孝坊的意志。2008年6月5日深夜,电闪雷鸣,暴雨如注,一阵飓风刮过,恩谌松筠坊轰隆一声朝西倒塌,顿时柱断石裂,残骸遍地,令人触目惊心。

休宁县委县政府得到报告,立即指示当地党委政府加强现场监护,确保不丢失一个构件。榆村乡在财政十分困难的情况下,挤出数千元资金,购置电缆,接通电源,搭建棚舍,派富溪村民汪氏后人汪双全24小时不间断守护。6月下旬,县政府决定拨出专款20万元对牌坊进行就地复原。经过数轮投标,有古建筑维修资质的屯溪石雕工艺厂接受了任务;7月8日,维修队开进现场施工。为了保证修复后的牌坊原汁原味,维修所用的茶源石均采自200公里外的浙江。每一块石材,认真打磨;每一个构件,修旧如旧;每一道工序,精益求精;每一个榫眼,严丝合缝;整个工程持续了 2 个多月。9 月 21 日,一座古色古香的节孝坊,在原址上重新展现在人们的眼前。

节孝坊是不幸的,如果不是 1967 年被拆掉 10 块抱鼓石,再大的风也难以将它摧倒;节孝坊又是幸运的,时逢盛世,政府重视,倒塌后不到 4 个月就在原址上完成了修复,而且还重新镶嵌上 10 块抱鼓石以增加牢固性。圣人云:天作孽,犹自可;人作孽,不可活。但愿世人吸取历史教训,少做有违自然规律的蠢事。

恩谌松筠节孝坊是"古榆村十景"之一,它的周围原有文昌阁、关帝庙、五猖庙、古亭、古桥等建筑,是雪溪村水口文化的重要组成部分。如今,修葺后的节孝坊雄姿不减当年,与耸立在西山头的明代辛峰塔遥相呼应,构成了一道历史信息非常丰富的人文风景线。

辛峰塔的由来

胡守志

辛峰塔

　　辛峰塔为明代光禄寺署丞程爵于万历二十六年(1598)所建,坐落在榆村、富溪两个姐妹村的西山头。该塔密檐六角七层,顶扣巨大铁盔,顶天立地,蔚为壮观。塔体全为砖砌，石灰灌缝；每层有六个拱门，门洞两侧砖墙上置有佛龛；塔内中空，顺着一百六十八级梯形砖阶盘旋而上，可至顶层；塔心砖廊虽已倒塌，但内壁镶嵌着五百二十九尊砖雕菩萨仍有三分之一完好无损，这些佛像造型生动，神态各异，为徽派砖雕中的佳作，对研究古代徽派砖雕艺术具有很高的价值。塔山环境优美，风光绮丽，山下河水荡漾，山上万木葱茏，活脱是一幅情趣盎然的诗配画。辛峰塔现为休宁县重点文物保护单位。

程爵义救许国

"救人一命，胜造七级浮屠"，这本是佛家劝人行善的一句名言，而辛峰塔的由来，却真的跟这句话大有关联呢。

明代嘉靖三十七年(1558)冬天，徽州巨贾榆村程爵包了一条木船自新安江逆水而上返乡探亲。行至歙县太平桥时，忽听岸边有人大喊"救命"，他推开舱门一看，只见有人时沉时浮在滔滔江水之中，于是悬赏水手速速救人。

被救起的人是个30来岁的儒生，此时刚从昏迷中醒来，他不但没有道谢，反而凄苦地埋怨道："何苦要救我这命薄之人？不如让我死了干净！"说着，挣扎着又要往江中跳。程爵一把拉住，劝道："你就是有天大的难处，也不能走这条绝路！我也是徽州人，你有苦水，不妨都吐出来吧。"

轻生者名叫许国，是个秀才，歙县人士，家中上有年迈父母，下有妻儿，一家人靠他教书写字卖文度日。他有意考取功名，却屡次名落孙山，这次是第五次到应天府参加乡试，结果又是"外甥打灯笼——照旧(舅)"。由于天灾人祸，家中欠下捐税折银十两，官府限期缴纳，发出话来：逾期不交，学籍革除，绳绑入狱。可怜家中已是一贫如洗，多方奔走而告贷无门。想想，限期已到，与其入牢受辱，不如一了百了，于是纵身跳入了新安江……

程爵听了许国的身世，不禁为之动容，稍停一会，对许国说道："先生刚烈之心固然可敬，但如此轻生，不免要留下不忠不孝、无情无义的坏名声。"

许国惊愕地睁大着双眼，不解地问："此话怎讲?"

"你身为生员，未能为国出力，此为不忠；父母俱在，未终晨昏之省，此为不孝；抛却结发之妻，此为无义；舍弃儿女骨肉，此为无情。先生是个读书人，难

71

道就不明白这个道理？"

听了程爵的一番话，许国羞愧地低下了头。程爵又从箱中取出纹银二封，双手捧到许国面前，说："这两百两纹银先生拿去缴了捐税，余数可做来年应试盘缠。"许国见程爵真心相待，一时感激得涕泪交加："滴水之恩，定当涌泉相报！恩公在上，请受许国一拜！"说完，扑通一声跪下了……

举荐才子董其昌

程爵的义举，使许国的人生际遇发生了翻天覆地的变化。嘉靖四十年（1561），许国第六次参加乡试，终于考中了第一名举人，俗称解元。此后，许国飞黄腾达，青云直上，历仕嘉靖、隆庆、万历三朝，位居辅臣，名列三孤，人称"许阁老"。

隆庆五年（1571）夏天，许国奉命巡视徽州，要求当地官府减轻家乡百姓税捐。办完公务，许国立即打马飞奔休宁榆村，拜访了阔别 13 年的恩人程爵。两人相见，有说不完的暖心话。此时程爵藏金百万，良田千顷，虽然富甲徽州，却无一子考中秀才，这成为程家的一大憾事。许国得知程爵之子程梦阳因无名师指点，学业难进之际，顿时拍板承诺："若有才子，定当推荐；以儒从商，方可富贵绵长。"

说来也巧，过不了几天，当时只有 17 岁的董其昌前来徽州省亲。他因家境贫寒，想谋一教书职位以为生计，特前来拜见仰慕已久的许国。许国口试、笔试董其昌之才，深感满意，当即修书一封，推荐董其昌前往榆村，在程爵家设馆讲学，并要他一边教学，一边读书，以待他日参加乡试、会试，一举成名。

从此，董其昌成为程爵家的坐馆先生，教程梦阳等人读书治学，孜孜不倦。程爵也视董其昌为莫逆之交，创造条件让董其昌能更好地读书，家中的藏书楼日夜为其开放，且嘱族人不许怠慢，尊重有加。在榆村坐馆 3 年，不仅程梦阳学业大进，董其昌也熟读了诗书，为其以后走向仕途奠定了坚实的基础。

董其昌是 34 岁时考中进士的，后授翰林院编修；天启时，累官南京礼部尚书、太子太傅，是个二品的显官，但他在艺坛执牛耳数十年，是晚明最杰出的、影响最大的书画家。由于和程爵结下了深厚的情谊，董其昌出名之后仍经常出入榆村,成为程氏族人的座上宾,为此也为榆村留下了许多珍贵的墨宝,"程氏宗祠""叙伦堂""凤山""古黄坑寺"以及富溪村的"汪氏宗祠"等匾额都出自其手;连农户打稻用的坞斗、盏谷用的皮笤上都留有他的字迹。他的字婉约端庄,貌丰骨劲,入木三分,直到民国时期,榆村还能见到董其昌手迹凸现在残缺不全的坞斗板上。可惜的是,这些堂匾、名画都毁于"文革"期间,现在的榆村人已无缘再见到董其昌的真迹了。

程爵之子程梦阳后来也中了进士,在京城做官,其家族亦儒亦贾,名震徽州,这些无疑与董其昌在榆村坐馆教学有很大关系,这也是程爵十分感激许国的重要原因之一。

报恩建塔祀故人

有关程爵家族,《休宁县志》上写道:"程爵,字光启,榆村人,授光禄寺署丞;父程绣,恩赐太医院吏目;子程梦阳,授大理寺右寺正,加四品服。当明穆、神宗以后,其父子祖孙,或输粟放赈,或捐饷助边,捐私奉公,乐善好施,其他义举,难以阐述。三世沐恩,褒宠树坊,子孙蕃多,富盛甲于一时。"俗话说,"京中无人莫做官",程爵一家先后都有人在京师为官,由此可见,许国的提拔是关键,有关史料也佐证,此言不差!明万历十四年(1586)初春,年将乞休的许国,为了报答程爵当年救命救难之恩,多次向皇上举荐程爵的功德,晋升他为光禄寺署丞,掌一署之事,官六品;其子程梦阳晋升为大理寺右正,专掌案件的复核驳正,加四品服。同时,他还向皇上奏疏,在休宁榆村水口,为程家御建一座牌楼。神宗恩准,许国又为牌楼题"义佐国家"四字。在许国的荫庇下,程家官业不绝,光宗耀祖,享尽了荣华富贵。

万历二十四年(1596)十月十八日,许国病逝故里,享年70岁。神宗闻讯震惊,特辍朝一日,诏赠太保,谥文穆。为了报答许国的提携之恩,寄托自己的哀思,程爵在许国去世后的第三年春天,用以工代赈的方法,组织本村民工在西山头建成了一座七级浮屠,名曰"辛峰塔",寓意许国辛勤苦读诗书,终于登上大学士之峰巅;也暗喻自己幸运地遇到许国,从而登上家族荣耀之顶峰;并借此告诫后人不忘先祖创业之难,并超度恩公许国之灵早日升入天堂。

尽管程爵既救人一命,又造七级浮屠,给人的印象可谓是仁义君子。其实平心而论,程爵的义举难报许国施予恩泽的万分之一,何况建塔树坊,名垂青史的还是程爵自己。

辛峰塔高达40多米,耸立在100多米的山巅之上,雄姿傲苍穹,更显气势不凡。登塔远眺,山峦村舍、阡陌田畈,无不历历在目,就连6公里之外的屯溪山城也尽收眼底,一览无余。值得一提的是,辛峰塔的河对岸是险峻的凤山。山中有座古寺,红墙绿瓦,禅堂显赫,香火十分旺盛。由于该寺深藏于山林之中,往往使那些陌生的香客或游人难以觅踪,于是一河之隔的辛峰塔就成了"凤山古寺"的理想坐标。由此看来,佛塔在客观上还起到了指示方向的作用,难怪宋代文学家苏东坡赋诗赞道:"却从尘外望尘中,无数楼台烟雨蒙;山水照人迷向背,只寻孤塔认西东。"

鲤鱼与铁锅

余士心

富溪村西山头上有座雄伟壮观的七层宝塔,塔顶原有两只底连底的大铁锅:一只锅口朝下,紧扣塔身;一只锅口朝上,面对青天。天长日久,上面的那只铁锅内就积满了雨水,绿茵茵的就像个大水塘。一天,有只鱼鹰从塔山脚下的大深潭里叨来了一条十分漂亮、可爱的小鲤鱼,站在塔顶铁锅边上正准备欢进美餐,不想小鲤鱼突然一挣扎,鱼鹰未防,就给它挣脱了身子掉进铁锅里,趁机钻进水底深处。小鲤鱼死里逃生,就这样在塔顶的水府中安了家。又不知经过多少年代,小鲤鱼受了日月之精华,苦苦修炼成精了。

辛峰塔

有一年，这个地方一连 5 个多月未下雨，河流干涸，禾苗枯焦。老百姓到处祈神拜佛，恳求皇天降雨。然而，皇天虽然有眼，就是见死不救。这件事被塔顶上的小鲤鱼知道后，它十分同情人间的不幸，深恨玉皇大帝的不仁，为了挽救这一方的生灵，小鲤鱼斗胆施展了法力，呼风聚云，给久旱的大地普降了甘霖。民间的百姓得救了，可是小鲤鱼却惹下弥天大祸了。

镇守宝塔的塔神平日就恨小鲤鱼骑在他们的头上，此时就趁机上天奏本，说小鲤鱼兴妖作怪，私降雨水于人间，乱了天庭法度，要求严惩不贷。玉帝闻奏大怒，急令天兵天将速速下界降妖。当夜，小鲤鱼同天兵天将混战一场，终因寡不敌众而被擒，雷公电母劈下塔顶上面那只铁锅，把小鲤鱼紧紧地倒扣在深潭水底，让它永难再见天日。

哪里晓得玉皇大帝还是枉费功夫，这深潭里有一个深洞，直通东海，这小鲤鱼本是东海龙王的后代，因到深潭内游玩，不慎被鱼鹰叼走，现在被铁锅扣在水底，正好从洞中返回东海，和家人团聚了。小鲤鱼因善致祸，又因祸消灾，可谓好心终有好结果。

新迎房

汪顺奎

富溪村汪氏始祖汪仁福系唐越国公汪华之八子汪俊的后裔,于宋代从藏溪村迁来,死后葬风水宝地"风吹罗带"(现卫星水库东南向)。距墓地不远有一座新迎房,当地方言把新娘叫作"新迎",新迎房即是"新娘房",说起它的来历,还有一则凄美的故事呢。

自汪仁福富溪开村以后,聚族而居,人丁兴旺;后代大多出门经商,俗称"出门客"。汪普祥的父亲也是生意人,家中只有他和母亲相伴,外婆家是河对岸榆村的大户人家。每次到外婆家去嬉戏,小普祥最喜欢与外婆家隔壁的程姓姑娘杏花一块玩。俩人同庚,两小无猜,经常在一块做游戏、唱歌谣;有好吃的,相互你吃一口,我尝一口;有好听的故事,你讲一句,我接一句。慢慢地,两人两情相悦,时间一长,几日不见,如隔三秋,产生了一种莫名的情愫,心里总记挂着对方。小普祥更是寻找一切机会与杏花相聚,两人见面后总有说不完的知心话。

13岁那年端午节,普祥对杏花说:过了节就要到杭州做学生(生意)去了,要满3年才能回家。杏花有些懂事了,她默默地摘下脖子上挂的端午锦——小香囊,递到普祥的手上。普祥似乎也有所领悟,顺手将自己的一块玉佩送给了杏花。分别时,两人没有了往日的欢愉,但也没有太多的忧伤,毕竟他们都还小啊。

生在徽州真的是前世不修。普祥的父亲是苏州一家当铺的管事,但他却把普祥送到杭州一家钱庄做学徒。这是"出门客"的规矩,即使自己是老板,要学做生意也只能拜在别人门下,图的是逼自己的孩子吃苦长见识,这样独立之后才能有所作为。普祥牢记父训,做学徒期间小心谨慎,兢兢业业,吃尽了各种苦头,也很快得到老板的赏识。只是在白天忙碌之后,晚上躺在床上休息时,他脑海里总浮现着杏花的种种好处。他暗暗发誓,一定要学好生意,绝不做"茴香萝卜干",否则以后无颜见家乡父老,也会让杏花看不起。

再说杏花自普祥走后,已出落得亭亭玉立、楚楚动人。她从小聪明伶俐,女红、炊艺样样精通,真可谓是"上得厅堂,下得厨房",被父母视为掌上明珠。一家有女百家求,才貌双全的杏花早已名声在外,上门要"八字"求婚的真是踏破门槛。父母也是个开明之人,多次征求女儿的意见,杏花总是说年龄不大,不想急于婚嫁。其实这鬼丫头暗恋着普祥已久,只是苦于少女的羞涩以及社会的压力,一直难以启齿。这几年她一直注意打听普祥的情况,得知他一切都好,一颗芳心早有寄托。在夜深人静之时,她将普祥赠予的玉佩摸了一遍又一遍。父母深知女儿做事有主见,且性格刚强,于是不逼她谈婚论嫁。

16岁那年腊月,普祥3年学徒期满,匆匆返回徽州,一进家门就打听杏花的情况。当得知杏花还是待字闺中时,喜不自禁,央求母亲立即托人上门提亲。由于门当户对,结果是一拍即合,天遂人愿。

汪、程两家定了亲事,自然有一番热闹,亲朋好友都说是郎才女貌,天作之合。定下婚期,各自准备,男女双方心中的喜悦之情不必细说。

谁知天有不测风云,人有旦夕祸福。普祥也许是3年学徒生涯留下了病根,也许是欢喜过度、乐极生悲,定亲之后就身感不适,尽管延医求药,也不见好转,拖到正月十一竟然一命呜呼了,死前还紧握香囊声声呼唤着:"杏花,杏花……"

刚刚了却了相思之苦的杏花,得此噩耗,泣泪如血,肝肠寸断,悲声日夜不绝,遂暗下殉情决心,与普祥共赴黄泉。在得知了普祥出殡的日子之后,杏花哀求父母为她雇一顶轿子,她要到夫家去送丧。家人苦劝无用,只得依她。

届日,杏花披麻戴孝,拜别了父母及兄弟姐妹,洒泪上轿而去。过了河就到了富溪村的地界,对爱情忠贞不渝的杏花,拿出早已准备好的利剪,在轿中自戕而亡……

汪家刚失骄子,又失贤媳,举族痛悼,决定把丧事当作喜事办,将普祥、杏花合葬于"风吹罗带"吉穴——富溪始祖仁福公墓地之旁,并为这对未婚夫妇举行了隆重的婚礼暨葬礼。村人在墓地用柏枝、松枝和蜡梅花搭起了一座"新迎房",祝福这对苦命鸳鸯早日升入天堂。故此又把葬处叫作"新迎房",而且一代又一代人都这么叫,直到今天,人们只知"新迎房",而不知"风吹罗带"这个祖传的风水宝地了。

榆村岭脚风光

竹篮挑水

余士心

　　榆村水溪洞石窟群位于神秘的北纬 30°线附近,与歙县王村镇定邦村比邻。

　　石窟群有众多的洞口,大多都被村人堵死;据说有 70 多个洞窟,且洞洞相连,深不可测。这些石窟都是古人采石后留下的,榆村七房坦、还古堂、百家楼、大夫第、光禄第等大屋的墙脚条石都采自这里。关于水溪洞,榆村地区还流传着这样一则神奇的传说。

　　清代初期,榆村有个富户叫李云飞,是名门望族程百万的女婿,因其父辈在江浙一带经营盐务,故只身迁居榆村。此人因家中有钱,言行举止也都有些骄横。这一年,他在廊亭街上口放狂言,要兴建一座榆村历史最大的豪宅深院,以显富贵绵长,流芳百世。造大屋先要用大量的优质条石做墙脚,为此,李云飞雇用了十几个石匠在水溪洞一带开山采石;为了赶工期,他派了一个家丁在工地当监工,逼迫石匠夜以继日地干活。这个家丁是个外乡人,一脸麻子,人称"麻子李",为人势利,对主子像狗似的低头摆尾一副奴才相,对石匠师傅却狗仗人势、欺压良善。当了监工之后,他为石工立下了几条规矩:干活不准偷懒,吃饭不准超过半个钟点,方便一天不准超过三次,如此等等,极为苛刻,犯其一条,扣除半日工钱。更让人难以容忍的是,他讲话时众人要笑脸相迎,稍有愠色就用大巴掌扇人。石工们为了能赚几个血汗钱,只得忍气吞声,将满腔的不满埋在心底。

这一日中午,太阳格外火热。刚吃好午饭放下碗筷的石工们正想眯一下眼睛休息一下,突然听到小石匠在洞外呼叫:"快来看呀,有人用竹篮挑水啊!"众人闻讯赶紧往洞口跑,唯有正在喝酒的"麻子李"没动身,还骂人家是发神经。大家来到洞外一看,只见从山路上走近了一位头盘青丝、身穿花衣素裙的年轻村姑,肩上挑着两只竹篮。更为离奇的是,两只竹篮里盛装的竟是清幽幽的山溪水,居然点滴不漏。大家正在惊异不已之际,那个用竹篮挑水的村姑,蓦然化作一道清烟升上了天空,五彩云霞之间,现出了观世音的法相。随后只听轰隆一声巨响,好端端的山体全部塌了下来,将整个洞口堵得严严实实,只留那个"麻子李"永远葬身于石窟之中。

众人方知,是救苦救难的观音菩萨普度众生,惩恶扬善。那个本想做豪宅、出风头的李云飞遭此一劫,元气大伤,大屋是做不成了,也正应了那句俗语:竹篮打水一场空!

石　窟

湖驾天仓

余士心

湖驾自然村原属歙县管辖，1956年划归榆村，因历史上曾有"孝子坊"而闻名乡里，是一个人称世外桃源的古村落。

传说湖驾村原来很贫穷，十年九旱，村民苦不堪言。有个叫狗剩儿的程氏后人，以讨饭为生，赡养着一个瞎子母亲；性至孝，母病想吃肉，但无钱买，他竟从自己股上割肉进之；母丧之日，他泣血哀号，七日不食而绝。玉皇大帝感其孝悌，命天神福佑湖驾，并赐"天仓"。从此，湖驾村风调雨顺，年年丰收，百业兴旺，村人衣食无忧，过着神仙般的日子。

湖驾村年年都有周处周王菩萨庙会，届时热闹非凡，盛况空前。程家有女初长成，嫁与临溪富户为媳，归宁之日，正是庙会举办之时。程家生怕爱女受雨后泥泞路滑之苦，竟用金黄色的稻谷垫路，隆重迎接女儿女婿两位娇客回门。如此暴殄天物，实乃天、地、人、神所不容！玉皇大帝闻奏，龙颜大怒，下旨雷公电母将湖驾"天仓"速速摧毁，以断绝村人富贵之路。幸亏周王菩萨念及村人年年祭祀的好处，联合众神苦苦求情。后来，玉皇大帝终于赦免了全村黎民之罪，但只允许每户食有半年之粮。

受此惩罚，湖驾人幡然醒悟，从此勤俭持家，辛苦劳作。村民只有半年粮食活命,逼得他们另谋生计。因湖驾村地势直挂北山,有天然屏障阻挡北风,有利于万物生长,故此,村民们在家前屋后广植梨树。春来梨花白似雪,秋后挂果赛蜜甜。湖驾雪梨个大、皮薄、肉脆、汁多,闻名屯溪市场,是榆村乡土特产中的一绝,也是湖驾村民的摇钱树。

慢慢地,湖驾村恢复了元气,村人也不显山不露水地富了起来,只不过他们牢记历史的教训,丝毫不敢有半分挥霍和浪费的念想,但年年主办周王庙会的盛举不改初衷。程家想到女儿自嫁到临溪以后,年年都因夫家无庙会而迟迟不归,这无疑会损害夫妻、婆媳之间的感情,为了女儿的长远幸福,程家捐出重金,广结善缘,黄坑古寺的长老终于答应将周王菩萨借给临溪村做一日道场。这也是临溪农历九月六日重阳庙会的由来。

抬汪公菩萨

榆村十景

（胡守志收集整理）

七桥映月

从榆村方坑源口至江祈山，笔直的河道长约 2 华里，河道上架有 7 座木桥，便于行人、顾客往返于两岸商家。每当皓月当空，明镜似的河面上，倒映着桥影，闪烁着月华，与廊亭街上高悬的红灯笼里的烛光，组成了一幅隽秀、和谐的七桥映月图。

屏风夕照

屏风山位于榆村与旃田村搭界的河边，山上万木葱郁，对岸杨柳依依，一派山水风光。每当夕阳西沉，橘红色的晚霞为屏风山镀上一抹金色的光环，顿时令山石、山林、山花全部清晰地倒映在河水之上，犹如一个五光十色的万花筒。

黑虎卧坛

榆村圣坛庙供奉的是唐代张巡将军的神像。每年七月二十四将军生日，庙内红烛高照，香烟缭绕，四方香客云集，热闹非凡。将军神像供台下方铺有红麻石地板，其中的一块纹理酷似一只卧伏着的黑虎。但香客们白天是无缘相见的，黑虎只有晚上在烛光通明之时才能现身，而且越看越感到栩栩如生。

守望榆村

夜半钟声

毗邻榆村不足 2 里的古黄坑寺是一处香火鼎盛的佛门圣地。每当夜深人静，榆村的墩上、后底街、廊亭街上的村民，都可以清晰地听到从古寺中传来的铜钟梵音，从而催人自省、净化心灵。

双龙戏珠

富溪村口有一座古老的水碓,分别从珮琅河、藏溪河引进的水源,不间断地冲击着左右两个庞大的立式水轮,终日吱呀呀地翻滚,带动室内十几台原始机械为村民舂米磨粉。由于水碓坐落在双溪汇合之处,翻滚不停的"水轮"犹如两颗熠熠生辉的"龙珠",与两条河流亲密接触,成为村庄中一道标志性的风景线。

凤坞甘泉

榆村下水口有一座险峻的高山,岩石呈叠状,形似展翅的凤凰。山中有董其昌题写"凤山"匾额、供奉观世音菩萨的古庙。庙周古木参天,浓荫匝地,环境十分幽静。登山的入口处,有一口用石条砌成的古井,泉水是从岩缝中渗出的,可以直接饮用。水井上方有一棵合抱粗的紫薇古树,宛如华盖,每年夏秋季开红花,非常好看。更为神奇的是,只要有人在树皮上挠一挠,即便无风无雨,整棵古树也会"怕痒痒"似的枝动叶摇。

柳中牌楼

富溪村上水口有一座建于清代乾隆二十二年的恩谌松筠坊,为旌表中宪大夫汪以宝之妻程氏节孝而立。牌坊位于一片柳树林中,西面临河,青山绿水相依,周围尚有五猖庙、关帝庙、文昌阁等建筑,与辛峰宝塔遥遥相对,风景十分秀丽。

双连古井

榆村后底街的路边有一口奇特的古井,两个井口相连,呈"8"字状;井水清澈甘甜,且久旱不枯,久涝不溢。井台平坦,旧时设有石几、石凳,四周古树成荫、鸟语花香,是村民们汲水、浣衣、休闲的理想场所。

辛峰宝塔

富溪村的西山头有座建于明代万历年间的宝塔，为榆村程爵所建。塔高40多米，六面七层。立于塔顶，东望榆村、富溪，粉墙黛瓦，绿树掩映，山峦叠翠，阡陌纵横；西眺屯溪，高楼林立，街市如织；江水滔滔，舟楫点点；北对凤山藏古庙，正如苏东坡所云："却从尘外望尘中，无限楼台烟雨蒙；山水照人迷向北，只寻孤塔认西东。"

赢山积雪

榆村方坑源内有座坐南朝北的赢山，雄伟而又险峻。每到冬天，峰上总是率先飞雪，往往是"村中无片雪，山上白了头"。雪下得越大，积雪也就越深，尤其是背阴处的积雪，需要很长时间才能融化殆尽。须晴日，放眼赢山雪景，银装素裹，分外妖娆。

榆村春景

87

一个敬畏自然的村庄

杨双阳

大自然的警示

18 世纪初,某日深夜,岭脚杨家坦村的人们早已进入了梦乡。突然,电闪雷鸣,暴雨如注。几个小时之后,地崩山裂,洪水如脱缰的野马,顺着狭长的峡谷呼啸着倾泻而下,以摧枯拉朽之势横扫一切,几分钟之内,杨家坦这个有百余户人家的古村落被夷为平地,人畜也无一幸免于难。

触目惊心的一幕永远烙在岭脚人的心上,代代相传。痛定思痛之余,人们在思考:这幕悲剧为什么会发生? 这次大洪水是否仅是噩梦的开始? 智慧的岭脚人很快从这场灾难中得到启示:是大自然对人类无穷索取的残酷报复和惩罚。由于战乱,当年大批安庆灾民逃难来到皖南,其中一部分占据了岭脚峡谷的各个山头。他们砍树搭棚为屋,毁林开荒种粮,久而久之,山秃了,林稀了,水枯了,生态失衡了,导致了一下大雨就山洪暴发。为此,村民们自发地上山驱赶"棚民",甚至采取极端措施:毁掉庄家,拆掉棚舍,让其断了生存下去之念想。此举据说也得到了官府的响应,有史料记载:"道光九年(1829)县奉谕

88

清查棚户;22年后再度清查棚民,编设棚头,分给门牌,除历年已久有册籍可凭者免其驱逐外,其余新添棚户,一概责令回原籍。"为此,安庆籍后人在岭脚村绝迹。

暴力驱赶"棚民"当然不是保护山林、保护家园的万全之策,岭脚人的过人之处在于从此对大自然产生了敬畏之心。

岭脚春光美

尊重自然:根深蒂固

在岭脚人的心中,敬畏自然是一种传统,他们对于山上、村里的一草一木都十分爱惜,无论是历史还是当前,这个村庄到处都是郁郁葱葱,自然生态绝佳。中华民族历来重视人与自然的和谐相处,《礼记·月令》曰:"孟春之月,禁止伐木;仲春之月,毋焚山林;季春之月,树木方盛,命虞人入山行木,毋有斩伐。"古人在春、夏两季顺应自然界万物生机勃发之时令特征,实行禁伐。当伐之时在秋、冬,此时草木零落,停止生长,因而山林开禁,可以斩伐。故《礼记·月令》又曰:"如季秋之月,草木黄落,乃伐薪为炭。仲冬之月则伐木取竹箭。季冬之月乃命四监收秩薪柴,以供郊庙及百祀之薪燎。"强调的是对森林资源必须用之有度、取之有时,还要求在当伐之时必须做到所伐适宜,不得任意而为。岭脚人从古代典籍中汲取了无穷的文化营养,保护山林要从小事做起,从各家各户做起,绝不做有违大自然规律的事情。岭脚人自古以来流行着"绿色银行"做法:每当家人生孩子时,就上山种十棵树;到孩子长大时,砍树卖钱以支付婚嫁之用。如次循环,足以保持林木茂盛。等古代时还一直流传着"杀猪禁山"之乡规民约。程氏族长筹款买若干头猪,猪头用来祭山神,猪血用来涂写封山碑文,并请全族人众(男丁)到场,宣布禁山范围和封山防火之乡规,而后喝血酒和吃封山肉,以后谁人犯戒,就杀谁家猪与族人共食之。新中国成立后,岭脚人还有过吃饼封山的传说。从这些传说中可以看出,当地的人们保护林木的意识较强,敬畏自然、善待绿色家园是发自内心的。

保护自然:踔厉风发

正由于岭脚人对保护森林资源的决心和行动都不含糊,大自然慷慨地给予了丰厚的回报:山常青,树常绿,水长流,花常开;放眼望去,满目翡翠,林海茫茫,是植物的基因库、动物的天然乐园。1958年组建的休宁县四大国有林场之一、面积达5000亩的岭下林场就坐落在这片绿水青山之间,而当年被洪水摧毁的杨家坦旧址也成了林场的贮木场地。目前,与大自然亲密接触、和谐相处的岭脚村,林业用地面积14676亩(其中竹林面积3500亩,占村地总面积的23%)。古朴的村庄掩映在绿树丛中,轻纱般的白云缭绕在青山之间;一棵棵古老的红豆杉,高大、粗壮而又枝繁叶茂,宛如华盖;一片片遮天蔽日的茂林修竹在风中摇曳,舞出万种风情;一股股清澈的溪流顺着山势盘旋而下,飞珠泻玉;最是每年三四月,油菜花开遍地香,层层叠叠、一望无际的油菜花让游人如痴如醉。生态岭脚村,好似陶渊明笔下的世外桃源。

回归自然：矢志不渝

　　站在高耸入云的山巅之上，仰望蓝天白云，环顾群山延绵，俯瞰村庄田园群，感喟万物沧桑，感谢自然所给予我们后人的一切，只有人与自然和谐相处，才能珠联璧合、相得益彰。岭脚村境内有海拔 900 米以上的元宝山、母石山、白际岭等山，山高涧深，林木茂密；榆村乡的母亲河——藏溪河就发源于白际岭，两条小支流——北山河和白水河——汇成一条长约 4 公里的岭脚峡谷；有高山瀑布 4 处，一条条巨大的水柱直泻而下，气势非凡；加上周围密林覆盖、古树参天、悬崖峭壁的衬托，更显婀娜多姿；另外还有奇石幽潭、百亩竹海、千亩高山茶园等，整个峡谷内风景秀丽，生态环境极佳，具有较高的生态旅游开发价值。附近有通往白际并被称为"江南秘境"的"徽开古道"，犹如一幅隽永的画卷，记载的是古时徽商、浙商经商的足迹，如今成为驴友们的最爱。岭脚村是"徽开古道"的起点，农家乐旅游业已发展得红红火火。

水灵榆村　梦里原乡

汪纪成

"望得见青山绿水,望得见美丽田园,望得见古塔牌坊,记得住乡愁乡音",这就是山清水秀、风景怡人的休宁县榆村乡,是我们的梦里原乡、幸福家园。

江南水乡

中国人所说的水乡,一般是指江南水乡。江南地区因为温暖的气候、充沛的降水,江河湖泊星罗棋布,历来是中国最富足的鱼米之乡,形成了不同于北方的独特韵味,体现在生活、文化、建筑、物产等各个方面。榆村乡地处休宁县南部,境内主要山峰有元宝山、母石山、白际岭等,森林覆盖率达83%,珮琅河和藏溪河呈"人"字形环抱榆村乡,注入新安江,地形地貌总体属于半深山区(郑湾片)和低山丘陵区(榆村片)。榆村乡境内有明代的七层辛峰塔、明代万历年间紫宸近侍坊和清代乾隆恩准的节孝坊;榆村乡是"扬州八怪"之一汪士慎的故乡,也是明代大书画家董其昌曾执掌过教鞭的地方,更是一个山清水秀、人文荟萃的江南水乡。

水灵灵的榆村

千年水街

榆村由两个孪生的姐妹村组成,珮琅河穿村而过,河北的叫榆村,河南的叫富昨。据有关谱牒记载,榆村和富昨始创于宋初,鼎盛于明清,已有 1000 多年的历史。榆村又是一个以水口、徽派园林和水乡景致为主要特色的古村落,拥有丰富的自然景观,这里自然环境优美、徽文化底蕴深厚,素有"风雅山水田园,徽派古建长廊"之美誉;同时,榆村乡拥有辛峰宝塔、双连古井等榆村十景,至今还保存着较为完整的古村落空间格局和历史风貌,恬静的田园风光和古朴的人文景观相得益彰,极具浓郁的徽派气息,村落整体布局和水口园林的建造堪称皖南古村落之典范。珮琅河穿村而过,农家夹岸而居,远山近水,风景怡人,幽情古趣,独特罕见。榆村有横贯东西的 3 条长街:后底街、中街和廊亭街。历史上最为繁华的是沿河而建的廊亭街,店铺门面朝南,幢幢相连,一字排开,约有 1 里长;店主在各家门前的街道上盖起木亭,且亭亭相连,形成了可以避雨遮阳赏风景的长廊。长廊临河方向的木柱之间被设置了栏杆式长靠

93

椅,可坐可卧。廊亭街的鼎盛时期在民国初年,当时有名有姓的店铺就有50多家。

榆村水口

自古徽州人皆重水口,水口是村落的门户,"一方众水之出也",认为水口是藏风聚气之地,是村落的灵魂,是自然与人文的巧妙结合。古徽州水口,置于村头或路口,是整个村子中风景最美的地方。徽州水口是中国乡村最古老的公共花园,在青山秀水乡间小道上转悠,在民风淳朴的古街行走,你会顿然感到与嘈杂、浮躁的现代都市迥然不同,一种久违了的乡野清新与人文古韵迎风扑面而来。那些蕴藏着大量历史信息的徽派建筑,那些充满着辉煌过去的古祠旧坊,会让你怦然心动,陷入久久的深思。如今的徽州村落水口也是游人了解徽州历史和观赏生态美景的第一窗口。榆村乡具有绝佳的人文山水、田园风光,黄山市中心城区近郊最大的、最具明清文化底蕴的千年水口——榆村古徽州水口,具备打造成为"高端农家乐"乡村旅游基地和休闲养生后花园的条件。

屋顶粮仓

榆村乡是休宁县十二大产粮乡镇之一。境内水系发达,沟河众多,流域面积10~50平方千米的河流有2条,流域面积1~10平方千米的农村沟河11条,塘库密布,有4座小(二)型水库、大小水塘100余口、机电灌站4座、千亩灌区1处(榆村水库灌区)、500亩以上灌区3处(卫星水库、土地庙水库、藏干碣灌区)、大小碣坝12处。"屋顶"上种田的榆村乡,由于有了榆村水库供水系统,灌区内2000多亩的高磅水田成了"屋顶上的粮仓"。近年来,榆村乡按照"集中连片、整乡推进"原则,对榆村水库、卫星水库、藏干碣灌区3000多亩基本农田进行系统整治,项目建设以田间配套工程为主,同时维修和新建小型灌区蓄、引、提水源工程,尤其对小型灌区的田间配套工程进行续建配套,因地制宜地建设高效节水灌溉示范园区,提高渠系水利用系数及灌区灌溉保证率,以达到粮食增产、农民增收的目的。一水兴百业,以水利现代化建设加快农业产业化步伐,调整农业产业结构,从传统的以粮、茶种植为主的单一产业模式,到如今的"有机茶基地""紫山药基地""蘑菇基地""大棚蔬菜基地"等特色产业发展已初具规模。

百塘垂钓

　　榆村乡给人第一印象是水多,"两河四水库一百塘"是该乡水资源丰富的真实写照。水赋予榆村以灵性,赋予榆村以活力,榆村发展的源头在水,发展的潜力在水。境内山环水绕,田、园、塘、库错落有致,空气清新,工业少,周边无污染企业,生态环境保护良好,土、水、气无污染,有优越的立地气候条件和较为完备的水利工程设施。榆村乡4座水库中有3座的命名具有时代烙印,如公报水库,即榆村水库,又称方坑湖,总库容49万立方米,水面达百亩,水库拥有全县最高的黏土心墙大坝和引水天桥渡槽。该水库地处屯石公路旁的三面群山的山坞里,周围松柏成林,杜鹃满山,水质良好,沿水库边的小径可绕水库行走,整个区库景色优美、空气清新,是垂钓、水上漂流及建造休闲小木屋的理想场所。"卫星水库"是1座小(二)型水库,总库容15.5万立方米,水面面积60亩。水库对外交通十分便捷,临榆公路在水库大坝上通行,是全县唯一一座水库大坝可以通公路的水库。太塘村是黄山市级生态示范村,这里有古牌坊、古民居、古树、古桥、古驿道,森林覆盖率达90%以上,生态环境极佳,景色优美。太塘村有1座小(二)型水库和3座当家塘,其中土地庙水库与藏干村的长塘、园塘几乎相连,中间只隔一道大坝,这三处塘库总库容42万立方米,水面面积110亩。太塘对外交通便捷,临榆公路穿村而过,是休闲养生、度假旅游的好地方。远离喧闹的都市,让心灵轻松休闲,到太塘农民生态公园来,住农家屋、吃农家饭、干农家活、享农家乐、览山村风情、观自然美景,真是一件美事。藏溪村的"胜天水库",是1座小(二)型水库,总库容10万立方米,水面面积约30亩,也是一处垂钓、休闲的好场所。

　　榆村乡有许多当家水塘,还有江斯坞塘、荒塘、二塘、莲塘、长坞塘、当米坞塘等;富溪村有鳖塘、乌塘、长塘、园塘、毛坑塘、麦坞塘、汪塘、里塘等;太塘村有齐冲塘、团结塘、仙人塘等。

山清水秀

太塘风水别样看

向日葵

秋日的一个傍晚,我从榆村拐了个弯去了太塘。

我之所以去太塘,是被一种莫名的情绪所触动。虽生在黄山,加之职业特性,我几乎跑遍了徽州乡村的角角落落、山山水水,可就是这个离家不远且有着"屯溪后花园"之称的小山村却迟迟未能晤面,加之榆村的乡绅胡守志老先生多次在媒体面前"广告",不免心有所动,于是说来就来。

太塘村是休宁县榆村乡的一个自然村。榆村,千年古村,文风昌盛,人杰地灵,辛峰塔、节孝坊、紫宸近侍坊等文物古迹熠熠生辉,"扬州八怪"之一的汪士慎、大书法家董其昌、义救许阁老的程爵等历史文化名人,都让榆村散发出不一样的气质。

从屯溪经百鸟亭,溯水而上,过辛峰塔上行,将至榆村时的一个路口,向右拐弯,沿着水泥路前行五六分钟,太塘村静卧山间,映入眼帘。

徽州古村的"长相"大体相同,古树、古亭、古牌坊、古民居,但凡有了这些元素的存在,这个村子便有了味道,那种油然而生的崇敬感也便有了。

太塘的村口,7 棵树干苍劲、枝叶繁密的古树遮云蔽日,走近一看,那是500 多岁的枫香、400 多岁的青冈栎、600 多岁的苦槠等等。如此规模的水口林,在徽州古村落中并不少见,但数量之多、年龄之大却并不多见,可见太塘村历史之悠久、村落之繁盛。

村口有座农民公园,是在建设美好乡村时新修的。公园临水而建,草木繁盛,鸟语花香;曲径两侧,修竹摇曳,风情万种。尤其是那口千年古井,历尽人间沧桑,至今仍清澈见底。当地村民们说,这里是太塘的屯溪世纪广场或荷花池公园,是休闲"说鳖"之场所。公园内还有一座样式古朴的观景亭,只见美人靠上,有白发老人吐着烟圈,思索着人生;亭子中央,有小孩蹲在地上嬉笑打闹,玩躲猫猫游戏;隔着亭柱的一角,有少妇旁若无人地用爱的乳汁哺育着祖国的未来。

太塘水口

站在观景亭中,可以看到对面人家正在家门口的晒场上收稻谷,偶尔有坐在门口上写作业的小孩勤快地加入其中;菜园地里,农妇正在播种萝卜和芥菜;竹篱笆上,挂着好看的或白或黄的豆荚花,丝瓜和冬瓜在夕阳中"张灯结彩";一垄垄地上,被晒干了的黄豆箕等待着秋收。好一幅情景交融的秋意图!

村子的东边,一座名为"紫宸近侍"的牌坊动人心魄,这是太塘村的标志性建筑,也是太塘村史的活标本。相传,程元化在朝廷鸿胪寺任序班之职,由于为人刚正不阿,得罪了一些权贵,遭诬陷后被砍了头。皇帝得知真相后不仅为他平了反,还赐予他一个金头以全尸之体葬于太塘(据说这个金头一直在太塘村中,却一直未被人寻见),并下旨在太塘村口为程元化建一座跨街御牌楼以旌表其忠良。太塘村名人辈出,除了程元化外,还有明初的程绳祖,他在湖北做官时勤政爱民,百姓自发建祠祀之;明代学者程一枝力撰《程典》,至今仍为学术界所重,他在太塘建青藜阁书院,培育了众多的文化英才。

沿着村子西进,新房居多,偶见残垣断壁,透过时光的隧道依稀可见小村昔日的繁华。村子很静,一条流淌的小溪环绕全村,4座建于明代的小石拱桥串联其中,呈现出小桥流水人家之意境。小溪之畔古石层叠砌起,清澈的溪水潺潺流动,仿佛吟唱着历史的沧海桑田。

村子的尽头,是延绵的山丘。村民唐日高说,太塘之所以风水好,是因为背靠唐家坞、陈家坞和曹家坞,而村中的小溪便是三坞的源头水,水甜而清澈,现在虽接上了自来水,但村民仍喜欢在溪水中淘米洗菜、浣衣沐身。

太塘村始建于宋,鼎盛于明。那时候,读书为仕、经商为富者,纷纷将财富投资于故里,大兴土木,将一个原本简陋、古朴的山村建设得风生水起、繁花似锦。太塘村的衰败大约在清初,由于兵火之患、官场险恶、经商失利、信息不畅和天灾人祸等诸多原因,至清末已元气尽失,村中的残瓦断梁比比皆是,昔日的赫赫声名早已烟消云散。

太塘村无疑是传统的,然而却又是十分现代的;村庄亮化、环境绿化、道路硬化,传统的古村处处显现出新的气象:农民公园、旅游公厕、徽派文化墙、健身器材和一座座新楼房,"生态太塘"的品牌越来越响亮。太塘村在历史的进程中起起落落,如今在美好乡村建设中,又被命名为"黄山市生态文明村"。古老的太塘焕发出勃勃的生机,正以迷人的姿态迎接八方来客。

徽开古道,始于岭脚

彭茶兴

　　"徽开古道"的起点在休宁县榆村乡的岭脚村,距黄山市中心城区屯溪只有15公里。从昱中花园坐16路公共汽车到榆村再转岭下线公交车直达,交通十分便利。

　　岭脚村的地形酷似一张"龙嘴",1700多名村民安居其中。这里也是驴友们登山前休闲旅游的好地方。村中的住房布局合理,错落有致,以粉墙黛瓦的楼房为主,还有不少全部用黄泥巴拍打而成的土墙屋和全是木料结构的特色屋;更为珍贵的是,还有保存完好的程家厅、汪家厅,显得格外古朴而又神秘。整个村落掩映在绿树丛中,常年云蒸霞蔚、鸟语花香。

　　古村周边景点众多,风光迷人。水口有一株800多年历史的红豆杉,高大粗壮,枝繁叶茂,宛如华盖。天然的瀑布有3个:二里半水帘瀑、白水百丈瀑、青龙过溪瀑。青龙过溪瀑往北800米的路边,有一把重约20吨的石椅,可供4人坐着歇息。值得一游的地方还有平营和尚寺和观音殿遗址。每年农历二月十九日、六月十九日、九月十九日是观音老母的生日,届时,香客云集,热闹非凡。每年三四月,油菜花开,漫山遍野,是天然的摄影基地。此外,还有老虎牙、石笋、棕树尖、状元帽、老鸦嘴、燕窝、火把尖等景点可供游人登高览胜。村中有土鸡场、养猪场和鱼塘，尤其难得的是盛产无污染的干笋、鲜蕨、紫藤花及高山蔬菜瓜果，还有上千亩翠绿欲滴的有机茶园。旅游者在此可品纯净的泉水、喝醇厚的绿茶、吃绿色的土菜、赏优美的村景，一定能让您大饱口福、眼福。

徽开古道从岭脚开始

徽开古道即自安徽徽州府到浙江开化的大通道，北起休宁县榆村乡岭脚村，东至浙江省淳安县中州镇泰厦村，全程 25 公里，其制高点白际岭海拔 1208 米，是白际的交通要道，是徽商、浙商经商的必经之路，因海拔高、里程长而著名。据史料记载，古道始通于宋代，原是土路，明代榆村乡富溪商人汪致洺捐资采石修筑了台阶，从此，三十里白际岭除了平矴外，上十里、下十里全是石级，大大方便了旅行者。官府还在古道上修建了洞门、卡子亭（二善亭）、洋铁亭等防御性建筑。古道历来为兵家必争之地。元代曾设白际巡检司，至正十八年（1358）明军入徽，大将胡大海和元军万户吴纳曾在此决战，结果吴纳兵败自刎。太平天国洪秀全的"天兵"、1949 年国民党刘汝明的败兵就是沿着这条古道进入浙江，雄赳赳的中国人民解放军也从此道挺进江南，一鼓作气解放了全中国。

"徽开古道"蜿蜒不绝，白径通幽，沿途村庄为典型的散居聚村落，山高林密,原始古朴,风光十分秀丽。近年来,当地政府投入资金修建了有关路、亭,大大改善了古道的交通、休闲环境。宋代诗人汪若榉(榆村乡藏溪村人)曾赋诗赞曰:"白际摩天秀,秋光满蓼汀;山呈金字面,田为井文形。"

徽开古道是徽商、浙商所开,为繁荣两地的经济起到了巨大的作用。随着黄塔桃高速及白际公路的建成通车,通往开化方向已无须再翻山越岭徒步行走。但若遇到风雪、塌方封路,两地的人们仍然徒步于这条千年古道走亲访友。随着户外旅游运动方式的兴起,这条古道逐渐成了一条体验古时交通之难

徽开古道

的经典线路。古道深受广大驴友们的青睐,背着行囊的旅游者每天络绎不绝,他们体验古道的原始古朴,享受古道的静谧幽深,感悟古道的历史沧桑,尽情享受古道给自己带来的快乐。岭脚村作为古道的起点,办起了四五家客栈,农家乐旅游红红火火,"徽开古道"已成为黄山旅游线上的一道亮丽的风景线。

"徽开古道"路线图:屯溪—榆村—岭脚村—五里亭—冷水峰—二善亭—岭顶亭—十里亭—白际,白际—回龙潭—百丈冲瀑布—龙潭—油煎豆腐瀑布—石壁山—大溪口—古洞门—浙江泰夏(汰厦)村。

躺在黄金炕上的下坑

朱国庆

在 16 路岭下线公交车的尽头,榆村乡那深山竹海中,群山怀抱着这么一个小山村——下坑,50 余户,300 来人。相传当年明太祖朱元璋从东临溪跃马而过,留下马迹,立于山顶,远望山下的人家像生活在一个富足的大坑里,下坑由此得名。下坑的森林覆盖率在 85% 以上,木、竹、茶是当地村民的主要经济来源,在 20 世纪六七十年代,那可是原郑湾乡少有拿得出的几面红旗之一。

而真正使下坑出名的是一块来源不明的石头,一块亮晶晶而又极其普通的石头。据地矿部门检验,其所含金属为黄金,而且质地很高。通过多次勘探,发现下坑所有的石头均含黄金,但是开采价值不高,那块石头的来源地至今未能探明,所以当今下坑森林茂密,植被相对保护完整,故下坑又有"躺在黄金炕上"的美称。

20 世纪 80 年代,随着改革开放的深入和第二、三产业的飞速发展,第一产业的比重随之下降,农民的收入在短时间内有所降低,下坑人也不例外。但穷则思变,下坑人注定不甘落后,在不能"请进来"时我就"走出去"。"走出去",这就是下坑人告别贫穷的宣言。20 世纪八九十年代,市区出现在了大排档、人力车、出租车等行业,应当说亐区的发展、旅游经济的带动,也有下坑人的一分力量。

务工，就目前来说，还是下坑的支柱产业。在市区的大部分工地上，都能看到下坑人的身影，还有的远赴浙江、山东、北京、广东等地打工，女人也不例外。青壮年都走了，留下的下坑人在干吗呢？他们没有闲着，所有的生产资料没有荒废。当你走到下坑时，你会看到所有的茶树都是齐整整的，田地里种植着玉米、山芋、黄豆等，秋天来时，你会看到一个黄澄澄与绿莹莹相互交错的下坑村。

如今的下坑，有的人在屯溪买了房子，有的人跑上了景区班车，有的人开着出租车在城区跑生意，水泥路已直通村头，出门有公交，程控电话安装到户，自来水直接通到了灶台前，村民和城里人一样收看的是有线电视节目；掩映在葱翠间的砖瓦房更显典雅，每天上午，你都会听见卖小菜的贩子清脆的吆喝声；唯一不变的是，大家都在为明天更加美好的生活而继续努力。

担任多年村支书且有着89岁高龄的张兴旺老人说："如今的下坑，才真正地躺在了黄金坑上。"我们为老人对生命的执着、对生活的向往感到由衷的高兴。

下　坑

山林隐士汪若楫

俞　群

徽州自古有"东南邹鲁"之誉，"十户之村，不废诵读"，自井间田野，以及远山深谷，居民之处，莫不有学、有师。徽州历史上的古书院很多，至宋代末期，享有盛名的就有 12 所，即歙县的紫阳、西畴、祁山、江东书院，休宁的秀山、西山、柳溪书院，绩溪的槐溪、云庄书院，祁门的梧冈、白杨书院以及婺源的万山书院，其中尤以休宁的秀山书院创立的时间最早，创办者为休宁藏溪人汪若楫。

《新安文献志》卷首《先贤事迹上》记载："汪若楫，字作舟，于北宋崇宁年间（1102—1106）建秀山书院，地处藏溪南山之阳。"

一千多年过去了，秀山书院早已淹没在历史的尘埃之中，南山之阳的书院遗址究竟在藏溪的什么地方，至今也无人知晓。幸好，汪若楫留有《秀山十景诗》传世，北宋见于史籍记载的私家园林也有秀山书院。因此，人们不难想象当年秀山书院的规模与场景。

秀山书院应该是一座颇具特色的园林建筑，有山水之胜，有亭榭之奇，有曲径之幽，有假山之巧，有林木之秀……不仅借助园林要素传递了书院意境信息，还采用歌赋、匾额、刻石、楹联等文学艺术形式来深化意境内涵，是一座学子藏修游息之地,也是一处开放性的公共绿地。说不清汪若楫当年花了多少心血,也说不清有多少学子从这走出山门。不过,有一点是可以肯定的,徽州文化之所以如此博大精深,也有汪若楫做出的一份贡献。

"楼台荒废难留客,林木飘零不禁樵"。随着徽商的衰落,秀山书院这座昔日闻名遐迩的私家园林,无疑已经走进了历史;更令人感叹的是,秀山书院居然已被当代藏溪人忘得干干净净。

藏溪小学的学生们

为了追寻这位先贤的足迹,笔者曾经数次前往藏溪村考察地形地貌。2015年夏初,终于在土名"下山龙"的山麓找到一处颇有可能是秀山书院遗址的地方:坐北朝南,地处高冈,背倚青山,视线开阔;东边居藏溪河不远,可听淙淙流水;西边两山夹一谷地,深约里许,内有山泉汇聚的长塘;林木郁盛,环境十分优雅,是个读书、讲学、休闲的理想场所。据介绍,当地人曾在高冈周围翻挖出大量的残砖、瓦砾,足可以证明这里当年曾有不少古代建筑。当然,此处是否真的就是秀山书院遗址,还需要进一步的考查、论证。

汪若楫不仅是一位精工理学的学者,而且还是一位具有很高艺术造诣的诗人,《宋人绝句选》中收录了他一首咏秋风的绝句:

万木惊秋各自残，蛩声扶砌诉新寒。

西风不是吹黄落，要放青山与客看。

这首诗反映了汪若楫对秋的一种感情纠葛与心理变化过程。始因落叶、秋虫而动情，颇有责怪西风的意思，继而又自觉其多事或无谓，仍对西风扫落叶的自然现象做出令自己快慰的解释。"西风不是吹黄落，要放青山与客看"，仿佛是苏轼《新城道中》"东风知我欲山行，吹断檐间积雨声"的翻版。如此解释，则万物皆备于我，何为不乐？叶落虫鸣，也顾不得那么多了。诗人的兴趣显然不是对西风的动机或功过的评价，而是要从悲秋情绪中解脱出来，含蓄甚微，颇有新意。这首七绝是汪若楫的代表作，在中国文坛上享有很高的声誉。

"要放青山与客看"。是的，家乡的山是壮美的，也是很耐看的。汪若楫晚年隐居家乡山林，走遍了徽州的山山水水，一边游学，一边写诗，过着"不知有汉，无论魏晋"般的隐士生活。藏溪村距"徽开古道"起点岭脚村仅10里，但"上十里，下十里，平矼又十里"的白际岭高达1208米。一年秋天，他不顾年老体衰，在当年尚未修建石阶的崎岖山道上扶杖而行，竟然还登峰览胜，并为后人留下了一首脍炙人口的《白际岭下即目》诗：

白际摩天秀，秋光满蓼汀；

山呈金字面，田画井文形；

夜出萤相照，理阑鸡可听；

杉松柯不改，点染四时青。

如今，"徽开古道"上驴友们络绎不绝，汪若楫这首《白际岭下即目》诗，也成为家乡农家乐乡村旅游线上一道亮丽的风景线。

《宋诗纪事》卷七十六《汪若楫》条云："若楫，字作舟，休宁人，官宣城令，咸淳年间，为紫阳书院山长。"《新安文献志》卷首《先贤事迹上》记载：汪若楫，字作舟，于北宋崇宁年间建秀山书院，地处藏溪南山之阳。《休宁县志》载：北宋崇宁年间休宁汪若楫于藏溪建秀山书院，这是徽州创立得最早的书院，汪氏有

《秀山十景诗》。北宋崇宁年间是 1102 年—1106 年,南宋咸淳年间是 1265 年—1274 年,假如《新安文献志》《休宁县志》的说法成立,那汪若楫"官宣城令,为紫阳书院山长"时,至少已经 160 多岁了;假如《宋诗纪事》卷七十六的说法正确,汪若楫于藏溪建的秀山书院就不是徽州创立时间最早的书院。到底哪一种说法符合历史真相? 笔者不可妄言,存疑!

秀山书院遗址

糕点大师程积如

胡剑杰

说程积如是德高望重的糕点大师,在黄山市大概不会有人提出异议的。

大师是休宁县榆村乡桃溪人,生于 1931 年。当时的村人,终年靠上山打柴挑到屯溪街叫卖为生,日子过得极其艰难,正如乡谚所说:"柴担两头尖,日日吃新鲜;落上三天雨,锅盖翻上天。"

12 岁时,程积如被父亲送到屯溪老街"筱苏州"糕饼店当学徒,由于为人勤快诚实,且又聪颖好学,深得老板方德宏(屯溪小姑潭人)的器重。方德宏在以后的日子里,不仅将祖传的秘方及工艺无私地传授给了爱徒,而且要求他诚信经商,老实做人。悟性很高的程积如很快就脱颖而出,成为店中的当家技师。新中国成立初期,方德宏干脆将店面转给了他,让他独立经营筱苏州。从此,程积如如虎添翼,在屯溪商界大显身手,创造了一个又一个奇迹。

屯溪糖果食品厂原是一个其"名"不扬的小厂,经营艰难。1962 年春,程积如受命改建成屯溪罐头食品厂,以出口创汇为目标,扛起了食品工业变革的大旗。在他担任厂长期间,厂貌变新了,效益变好了,成为国家出口罐头食品的重点厂家。

正当罐头食品厂如日中天之际,时任屯溪市委书记的陆坦提出了"大厂带小厂"的发展思路,点名让程积如领衔组建屯溪利民食品厂。程积如不愧是个商界奇才,没多久便将利民办得风生水起,传统糕点顶市酥连续两年荣获省优质食品称号;1981年全员劳动生产总值超万元,名列商业部抽样调查食品工业第一名。最大的成就莫过于他首创了王牌产品——徽墨酥。程积如一次外出开会时,人们一听说他来自徽州,总会首先提到徽墨,又不时听到有关黑色食品的信息,脑海中便形成了徽墨酥的创意。回厂后程积如立即着手研制,经过几十次配方筛选、试产、试销,终于取得成功,并以"猴牌"商标注册,投入正规生产。徽墨酥入口细腻,油润绵甜,香气浓烈,回味悠长,较之顶市酥,品位更高雅,营养更丰富,故此一问世,即好评如潮,很快就成为屯溪市及黄山景区有关商家热销的黑色旅游产品,徽墨酥不仅享誉海内外,而且正式列入中国特产史行列。

似乎程积如天生就有创业秉性,1986年他又服从组织安排,担任了康乐食品厂厂长。康乐是从利民划出部分车间并扩建而成的,短短两年,程积如一手抓质量,一手抓销售,很快就占领了屯溪糕点市场的半壁江山。正当他想"百尺竿头,更进一步"时,由于企业改制,1988年秋天,他退休了,时年57岁。

凭着曾任三个国有食品厂厂长的经历以及首创徽墨酥的骄人业绩,足以让程积如流芳黄山市食品工业的史册,他完全有资本坐享改革成果而心安理得。

然而,老骥伏枥,志在千里。程积如"退而不休",在改革的风浪中"勇立潮头唱大风",没有丝毫彷徨和犹豫。他一边和家人开店经营他所钟爱的传统糕点,一边又陆续承包了康乐食品厂和利民食品厂。2000年他干脆以"徽味天香"注册了商标,正式成立了筱苏州食品公司,自任总经理。

徽墨酥、顶市酥、寸金糖、麻球、糖枣等徽州糕点是许多年长顾客的最爱,他们的眼光往往只认准筱苏州。程积如知道传统糕点有重色、重味、重油、重糖四大特色,如果故步自封就有被市场淘汰的危险。为了使筱苏州的糕点更符合现代人的口味,程积如勇于创新,将传统的猪油、植物油改为大品牌的调和油,在配方、用料上狠下功夫,使糕点的色泽更纯正、口感更清爽。他还陆续研制和推出了长生酥等养生新产品,从而使筱苏州的食品更受消费者青睐。在发展中崛起,筱苏州食品有限公司在阳湖帅鑫工业园拥有一个食品厂,在屯溪老街和前园路拥有两个门市部，筱苏州品牌的含金量越来越高。"莫道桑榆晚，为霞尚满天"。退休之后的程积如，终于又在传统食品领域里开辟了一片新天地。

前几年，程积如将公司交给三个女儿打理了，驰骋商海70多年，他终于退休了。但他每天都必须到店堂为坐坐、看看、听听，他说，闻着糕点那熟悉的芳香就心旷神怡，看着"筱苏州"这块金字招牌就心满意足。

程积如与其员工们

程积如虽说久居屯溪，但每年的春节、清明和冬至，全家人都必须回到桃溪，祭祀先人、拜访亲友，桑梓之情对他来说无与伦比。小时候，正月里他到舅舅家拜年，每次都是打着赤脚过溪，那种冰冷刺骨的记忆，终生难忘。为此，1989年秋天，程积如筹资20万元，为家乡兴建了一座钢筋水泥大桥，终于圆了儿时的修桥梦；之后，洪水冲毁了桥栏杆，他又捐出了20吨水泥用于修复。他说，桃溪村是生他养他的故乡，他家几辈人都不会忘记。

新安名医程六如

成 晟

程六如

程六如（1904—1985），字冷庵，号乐贤。原籍歙县石门乡，后定居休宁县榆村乡。22 岁的程六如赴浙江省吴兴县，在著名中医沈懿甫所办的浙江中医传习学校求学五载。1929 年程六如毕业返里，不久在休宁县榆村乡定居开业，先以疡科闻名乡里，后兼擅内幼诸科。1935 年，榆村一带天花肆虐，他以养阴清热解毒之剂，救活了很多患者，遂名声大震。程氏医德高尚，学识丰富，医技精良，1935 年被上海《光华医药》杂志社特约为撰述员。1936 年 6 月，程六如迁居屯溪并设诊所；同年，与屯溪著名中医毕成一等联合创办《新安医学半月刊》，向当年徽州日报社借副刊版面，每月发表两期，借以交流一府六县医药科技信息，选登新安先贤遗著、名医简况、中药研究、临证医案、民间验方及医药咨询问签，并着意新安医学史料发掘为主要内容。此举对振兴当年奄奄一息的中医药事业做出了积极贡献，在新安医学史上留下了珍贵的一页。1938年10月，其诊所迁回榆村。1952年在榆村组织中西医联合诊所。1955年调省中医学校任研究员。1958年联合诊所转为榆村卫生院，程六如出任负责人，先后培养的8名学生均已成为休宁县基层卫生院的骨干。程六如曾当选休宁县第二、三、四、五届人大代表，县医务工作者协会副主任委员、县中医学会名誉会长。1971年程六如退休，1985年在榆村去世。

程六如辨病精准，辨证审慎，整治外科疾病主张辨病与辨证相结合，治疮疖、痈疽等症，按切患处，辨脓之有无、多寡、深浅，辨病性之阴阳、寒热、虚实等。外科医案中，共收录医方400余首，其中，痈、疽、疗、疖、疮、疡、流注、皮癣、喉风、发背、面游风、下疳、梅毒、骨槽风、童痨等均有所载。

分辨阴阳疗疽痈　在治疗外科疾病中，程六如注重分辨表里阴阳，以此确定治疗方法。阳证者，清热解毒；阴证者，祛风、散寒、除湿，忌寒凉。

脏腑经络治痈疡　程氏认为，痈疡病主要由各种病因影响脏腑气机失调，致脏腑不和，自内外发而为痈疡，善于从痈疡发生、发展、变化不同的临床表现中抓住疾病本质，找出相关脏腑经络，予以施治，并判断顺逆转归。

详参病机疗疮肿　程氏深谙外科医理，治疗疮肿，正确辨证，全面把握病因病机，从而准确治疗，取得较好的疗效。

究本穷源治瘰疬　瘰疬发病，程氏认为在外多为受风火毒邪，在内多为肝气郁结、脾失健运等，以致痰湿内生，气滞痰凝，阻于经脉。

程六如疏方严密，治法灵活。善用托里化毒，"凡遇久病正虚，出脓不多，或毒势当未完局、有内陷之忧，或脉细，或气短无力等，均予补托化毒治之"。辨治精细，配伍紧致，讲究入微。重视清热解毒然用药轻灵，平正和缓。临证内外结合，常施以腐蚀药物或刀针，使脓毒外泄，同时配以内服汤药，以驱邪安正。强调整体与局部同参，与治疗过程中重视外科局部病变与机体脏腑、经络、气血、阴阳联系密切。程六如内外兼修，方脉之外，刀针亦精。因证施刀针，恰到好处。"擅外科者，必内外兼修，唯理论基础扎实，内科功底深厚，外治技术精湛者可矣"。

现年 63 岁曾当过榆村乡郑湾村村长的程有财一直清楚地记得这样一件事:他的叔父 50 多岁时,右脚被斧头砍伤,感染化脓,到处医治,因体质原因,一用药就过敏,炎症一直未消。后来抬到程六如的诊所,他从山上取来黄泥,用沸水搅拌后静置澄清,用此水清洗伤口,然后敷药,如此两次即收口痊愈。

程六如一生著有《甘露堂医案》《冷菴医案》《程氏内科》《程氏外科》等。其所著博采众家之长,师古不泥,对古贤之说,能慎思明辨,识其真要,取其精华。

程六如先生虽然去世 30 多年了,但他留下的医案遗著仍被世人所看重。他的有关医案被放大张贴在休宁县中医院的显眼之处。2005 年,安徽中医药学院派出小分队来到黄山市搜集古医籍,在近代新安名医程六如故居的楼上,发现了成箱的古籍。程六如的女儿程佩玉向学院慷慨捐献了 22 册,其中的叶天士《临证指南医案》为目前传世最早的版本。

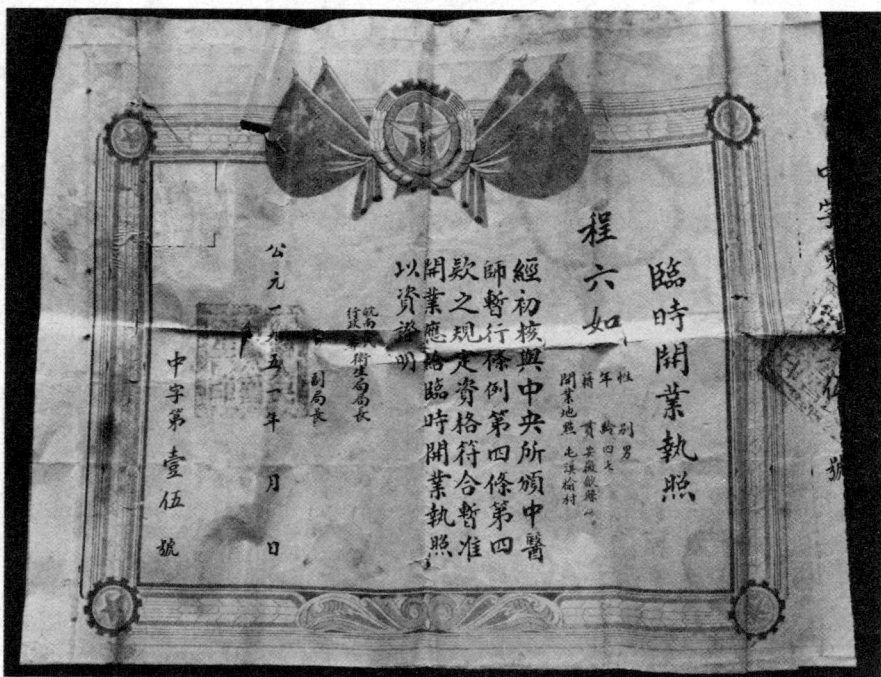

程六如从医执照

巾帼茶商程春仙

倪受兵

2008 年 4 月,休宁县组团到北京参加中国国际茶文化研究会"推出绿茶金三角共享高山生态茶"新闻发布会。会议期间,一位年轻、热情、干练的女子主动为此次新闻发布会忙前忙后,给我留下深刻印象,她就是休宁县榆村乡桃溪村人,名字叫程春仙。

真正认识程春仙是后来的一次采访。那是 2010 年秋天,在北京马连道茶城,我们找到程春仙的"老徽州"茗茶店。茶庄门口,摆放的是新安源有机银毫、黄山毛峰、太平猴魁、祁门红茶、黄山翠芽的标牌,中间是古色古香、徽味浓郁的"老徽州"金字招牌;走进去,店内正中央摆放着一张雕花仿古抽屉桌和四把徽派太师椅,桌子上摆放着一套实木茶具;让人难忘的是所有品牌包装上都印有极富徽派特点老徽州的马头墙图案和徽里商标,还专门设计了一面介绍安徽名茶的图片墙,给人的感觉就是仿佛到了屯溪老街上的一个茶庄,一派地道的徽州风韵!

店内刚好有两位顾客在选购茶叶,闲聊中得知他们是北京人,在公安系统工作。待顾客离开之后,程春仙才坐下来招呼我们:"你们是老家来的人,给你们泡一杯我自己亲手做的茶。"说着,从排列整齐的货架上取出几小袋锡纸包装的茶叶,从抽屉里拿出几只透明的玻璃杯,冲洗、烫杯、放茶、兑水、冲茶……动作娴熟、优美,简直就是在表演茶艺!一杯香茶端到我们面前,只见汤色青绿,根根茶叶悬浮在琥珀色的茶汁上,茶在程春仙的手里简直就是一件艺术品!

品着香茶,我们和程春仙聊起了她的奋斗历程:1993年她被招考到工商银行黄山市支行当职员,由于工作勤奋、漂亮热情,1996年被借调到工商银行北京分行工作,后来又转到了刚刚成立的浦东发展银行北京分行工作。在工作期间,她通过自学考试取得了财会大专文凭。在北京银行工作,这是一个令人羡慕的职业,但程春仙经过多个不眠之夜的思考之后,却于2000年4月毅然辞去了那份稳定但对她来说不具备挑战性的工作。

程春仙在她的老徽州茶行给客人泡茶

辞职之后,她回到家乡榆村,到桃溪、千金台、万金台等地走亲访友。当时正值春暖花开的季节,家乡处处是青山绿水、鸟语花香,优良的自然生态,秀美的茶园。然而,家乡父老乡亲们每日采茶、做茶,忙忙碌碌的,最后好茶并不能卖出好价钱,这让程春仙感慨万千,她暗下决心:要经营茶叶!趁着这次回乡,春仙还专门考察家乡的茶叶生产、加工、运销过程，到各地茶叶销售市场去了解经销商们的销售模式和行情，思考着自己的创业之路。

回到北京后，程春仙在马连道茶城给熟人帮忙，学习如何经营茶叶，进行创业前的学习，一干就是两年。2002年底，程春仙拿出仅有的5万元积蓄，在马连道茶城租了场地，注册了自己的商标，开始了艰难的创业之路。

程春仙的徽州情结很重，老家的徽文化、徽商精神源远流长，安徽自古产名茶，现代中国十大名茶中就占据四个席位，她决心将徽州文化与黄山名茶相融合，经营出自己的特色，为此，她的公司取名老徽州茗茶。徽州人在北京做茶叶生意的不少，程春仙的经营规模不算大，效益也不能算最好，但她一直在坚守着自己的理念，就是以徽州茶为主。因为徽州的茶叶品质好，自己又熟悉徽州，可以自己去收购、加工，确保茶叶的品质。"百年品质传承，醇厚徽味天香"。多年来，老徽州茶叶公司经营的茶叶90%以上来自徽州，而且在商标、店堂布置、网站、广告宣传上融入徽派建筑、徽派三雕、徽派茶道等文化元素，在北京马连道这个中国最大的茶叶市场里独树一帜，风光无限。

程春仙经营的茶叶有很多讲究，她要亲自去产地收购，高档茶叶要亲自动手做。在她身上，充分体现了"徽骆驼"吃苦耐劳的精神。每年茶季，在休宁的千金台、万金台、茗洲、右龙以及太平猴坑，还有歙县大谷运、漕溪等深山茶园里，总可以看到春仙忙碌的身影。经过多年的摸索，她掌握了一整套高档茶叶加工关键技术和茶叶提香环节的秘诀，这也成为老徽州茗茶制胜的一个法宝。

2010年5月3日，世博局在上海举办了由50多个国家政府领导人和体育界高层人士参加的高尔夫球赛，程春仙的老徽州茗茶应邀为此项活动提供了全部的太平猴魁。在现场的赈灾拍卖会上，她带着采自休宁右龙村的鲜叶，亲手炒制的150克新安源银毫，拍出了1万元人民币的高价，拍卖款当场捐赠给青海玉树地震灾区。

从事茶叶生意，对程春仙来说完全是因为自己的一个梦，一个属于自己茶楼的梦。她来自休宁县榆村乡桃溪村，这里四面环山，村前有一条小溪，家乡有很多茶园，打小就经常随着大人上山种茶、采茶、做茶，与茶叶有着深厚的感情，工作后又经常与做茶叶生意的人交往，经常去他们的茶叶店，听听他们讲有关茶叶的事情，也常去一些茶艺馆了解茶文化、学习茶道。通过茶叶，她认识了一大批朋友,在不知不觉中喜欢上茶道,爱上了茶文化,希望终生与茶结缘,以茶交友、会友。"逸老少君工茶解,安徽春茗杯中王;九州馨满千秋润,细品人间第一香",这是北京一位学者为老徽州茗茶题写的一首诗。

　　2009年程春仙夫妇在合肥太湖路购置了一栋200多平方米的小楼,并进行了精心装饰,楼下搞茶叶经营,楼上是徽派茶室。谈起今后的打算,程春仙充满了信心,她说,继续坚守"宣传黄山茶,打造徽字牌"的理念,继续坚持以黄山为原料基地、合肥为销售桥头堡、北京为销售窗口的三地连锁经营销模式,继续发扬老徽商"诚信为本,以义取利"的品格,将老徽州茗茶这个品牌做扎实,做出自己的特色。

农民戏友周金清

程向阳

插着秧苗,哼着小曲,亦农亦文,相得益彰。在休宁县榆村乡,周金清算是一位"名人",他之所以出名,是因为他有着和大家伙一样的农民身份,可除了会犁田、插秧,他还会唱戏,而正是因为有着其他农民都不会的本事,周金清在榆村乡相当"吃得开"。

今年68岁的周金清是榆村乡富溪村土生土长的农民,或许是受榆村自古以来名人辈出或文风昌盛的影响,或许是骨子里天生就有文艺的细胞,周金清自小就热爱文艺,只要村里有演出或文化活动,"小不点"周金清总是很活跃,只要有戏看,他甚至可以连饭都忘记吃,看完之后,他能对着家里的那面破镜像模像样地摆着自己"偷师"来的动作,其滑稽的样子常常让大人忍俊不禁。

不过,由于家庭困难,高小毕业就辍学在家的周金清不得不早早地学会了挣工分。但看戏、唱戏仍是他最大的兴趣爱好,十七八岁时,当时县革委会的工宣队来到榆村演出,周金清就常常躲到戏台边偷学,这个眉清目秀的"小戏迷"引起了工宣队队长冯鸿涛的注意。冯队长看周金清颇有戏曲方面的天赋,就让他参与了话剧《收租院》的演出。小小年纪的周金清演技虽很青涩,但初次登台的感觉非常良好。同时,冯队长还抽空教周金清一些京剧唱腔技法,周金清当时受宠若惊,但学得特别认真,进步也非常快。一连多年,工宣队在农闲时节都要在榆村蹲点,因此,这也成了周金清学戏的好时节。但后来工作组撤了,工宣队也没了,周金清也就没有了继续"深造"的机会。但兴趣是最好的老师,听京戏、哼京戏一直是周金清生活中最大的爱好。直到现在,周金清的腰间都别着一 MP3,手机彩铃也是京戏,无论是在地里干活,还是在家里休息,听戏、唱戏成了周金清的另外一位"老伴",每时每刻都离不开"她"。

直到 2006 年,范顺根一次偶然到榆村演出,让周金清再次有了"进修"的机会。范顺根是原屯溪地区京剧团、现凤栖居京剧协会的司鼓,在屯溪京剧界是赫赫有名的前辈。遇到范顺根,用周金清自己的话说是遇到了"伯乐"。而范顺根则仿佛遇到了"千里马",他说年逾花甲的周金清对京剧的痴迷让他感动,所以也就收下了这位农民"老徒弟"。之后,周金清每周都要下一趟屯溪,来到凤栖居,从唱、念、做、打等基本功学起,一遍不行两遍,两遍不行三遍,十遍不行二十遍,百练不厌,认真练功,成为凤栖居最刻苦的学员。

在范顺根的悉心指导下,周金清在京剧的吐字、行腔、运气、板眼水平上提高很快。而周金清的刻苦也一次次打动着范顺根,为了树立一位农民戏友的信心,范顺根只要有演出,就会让"爱徒"登台,以演带练,消除他的怯场感,增强他的舞台感。如此一来,周金清的京剧演唱水平提高得很快,尤其是他模仿的裘盛戎派花脸唱腔《赤桑镇》《探黄陵》《赵氏孤儿》等都颇见功底。

而最让周金清出彩的是 2012 年 4 月 28 日,那一天,在亲朋好友、乡里乡亲、剧团戏友等的关注下,他参加了安徽电视台《相约花戏楼》栏目的擂台赛。在这次擂台赛中,评委给周金清打出了 193 分的高分,仅比第一名少 10 分,居亚军。这是黄山市第一个登上这一全国戏曲类金牌栏目的农民戏友。"成绩并不是很重要,重要的是我一个农民也能上电视。作为一名黄山的农民,我一连激动了好几天,几个晚上都没睡好觉。"回忆起那时的情景,周金清仍很兴奋。这一次出彩于《相约花戏楼》,也让周金清荣获了休宁县第二届文学艺术政府奖。2015 年 5 月 6 日,周金清又应约北上,参与安徽省京剧基金会组织的演出;在合肥梨园剧场,周金清在《探阴山》中扮演包拯,他那浑厚、高昂的裘盛戎派花脸唱腔和颇见功底的表演,都得到了省城艺术家的一致好评。

周金清出名了,而在村民的眼中,大家高兴的不只是他为榆村争了光,重要的是他成了"送戏到榆村'的文化使者。在周金清的影响和带领下,村里经常会有剧团来演戏,这对于空巢现象严重、文化缺乏的当下农村,成了滋养农民精神生活的重要方式,他也因此成了榆村村民中"最可爱的人。"

周金清

元宵灯会

胡守志

农历正月十五是我国传统的元宵节。"一年明月打头圆",元宵是岁首的第一个月圆之夜,古时称"上元",也叫"元夕""元夜"。因为这天要张灯、观灯、吃元宵,民间则习惯称其"灯节""元宵节"。

元宵节观灯,普天同庆的习俗始于2000多年前的西汉。据传,汉文帝是在周勃勘平"诸吕之乱"后上台的,登基的日子正好是正月十五;以后每年的这天晚上,他都要出宫观灯,与民同乐,以示庆祝天下太平。因"夜"在古语中又叫"宵",正月又称元月,汉文帝便把正月十五定为元宵节。从此,举国上下都要张灯结彩欢度元宵佳节。"东风夜放花千树,更吹落,星如雨。宝马雕车香满路,风箫声动,玉壶光转,一夜鱼龙舞。"南宋著名词人辛弃疾的这首《青玉案·元夕》描写的正是元宵夜满城花灯,游人熙攘,歌舞达旦,热闹非凡的繁华景象。

"清闲春节,闹热元宵",榆村地区自古至今保留着"张灯竟欢闹元宵"的风俗。

榆村旧时常在元宵节期间举办大型灯会。届时,家家户户门前设灯,以奇巧艳丽相互竞赛;有的花灯悬谜征对,借以博彩助兴,风雅益智;有的商家还以松枝、柏枝及五彩灯饰架起高大的牌楼、拱门,以壮气势……灯会一般为期五夜,取"五谷丰登"之吉兆;俗称十三试灯、十八落灯,其间尤以十五的灯火最盛"辉辉朱尽,焰焰红荣",远眺似流星,近望夺月色;各式花灯,争奇斗艳;莲花灯、梅花灯、鲤鱼灯、走马灯、龙凤呈祥灯、人物书画灯,以及款式多样的宫灯,汇成了一条五光十色的"火龙",辉煌如同白昼。灯下,人流如潮,摩肩接踵,或观灯赏景,或续联猜谜,其情欢融,其景祥和。

榆村灯会最大的特点是静态(挂灯)与动态(游灯)的有机融合。"正月十五狂欢夜,应是龙灯巡街时",闹元宵的游灯队伍极其庞大而壮观:前面以一对火流星清道,继而是四面大开锣和八块大红火牌。榆村的板龙,富溪的滚龙,一路且舞且行,叱咤风云,威风凛凛;富溪的龙灯后面是仗鼓方阵,那雄壮的鼓点在悠扬的曲笛伴奏下,气势如虹,催人热血沸腾;紧随其后的是山水花卉灯、飞禽走兽灯、虫鱼蜂蝶灯、亭台楼阁灯、珠帘黄伞灯等等。藏溪村历史上有板龙,也有滚龙,双龙共舞,盛况空前,还有高跷队助兴。龙灯会都有自己的乐队,沿途丝竹声声、鼓乐阵阵,

元宵灯会

再加上爆竹鞭炮惊天动地,焰火烟花五彩缤纷,整个村子都沉浸在歌舞升平的狂欢之中,真个是"火树银花满街舞,箫鼓喧阗到天明"。

榆村地区的灯会,可谓是历史悠久,内涵丰厚。农家挂灯讲究里外通亮:门前挂的是如意灯,堂前挂的是走马灯,厨房挂的是长寿灯;孩童们的花灯更

是千姿百态、美不胜收;有的村子还要搭台请戏班来唱上几日几夜,以欢度新春。

由于榆村方言中"灯"与"丁"同音,故此人们一直极其重视元宵节闹花灯,把它同子嗣的繁衍紧密地联系在一起,认为"花灯越闹,人丁越旺",此俗可谓是源远流长、深入民心。旧时,榆村元宵夜龙灯出游时,凡是新婚人家都要准备香烛虔诚地礼拜接灯(丁):用一对红烛换回龙嘴里的烛火,恭恭敬敬地供在堂前的祖宗牌前,以祈子兆。富溪也有送灯(丁)习俗:龙灯游到新婚人家门前便狂舞不止,在鼓乐声中,由利市人提着一盏事先准备好的花灯,送进新房挂在床前,祝福新人早早"生子添丁";接灯(丁)人家除了要送红包外,还得设宴席款待舞龙人等。龙灯不仅送新婚人家,而且还关注到尚未成亲的"童男子":"龙头到门口舞一舞,年里讨个好媳妇",这句妇孺皆知的舞龙吉语,所折射出来的也是子嗣信息。

元宵的灯饰红红火火,不仅仅是挂到门前嬉到街上,而且还热热闹闹地挂进了宗祠。程氏宗族规定:凡是头年生了男孩的人家,都要精心扎制花灯一盏;这灯以竹篾为骨,以彩纸糊面,内置油灯,外绘宫殿人物,诸如"观音送子""郭子仪上寿"等等,于正月十一用红绳系着挂进祠堂的大梁上,谓之"起灯(丁)",是新生男孩(男丁)入族的仪式,也有祝福前程光明远大之意。起灯时要敲锣打鼓放鞭炮,当日还要在祠堂内摆"添丁酒"大宴族人;酒席由生子人家或祠堂备办,开席之前,众人要先祝颂:"恭喜!恭喜!多生贵子!添丁!添丁!"起灯人家自即日起,每日晚上都必须到祠堂点灯、加油,直到十八朝把灯携回家中为止,谓之"谢灯",以祈来年再生贵子。

榆村地区送灯(丁)、接灯(丁)、起灯(丁)、谢灯(丁)的俗事,无疑与我国传统的"讨口彩"风习有关:人们利用寓意吉祥的语言,表达了对美好愿望的憧憬,以求在心理上获得某种平衡和满足,在精神上寻找某种愉悦和慰藉。

汤圆是元宵节的时令食品,意味着团团圆圆、甜甜美美,而旧年俗强调的主题就是"全家团聚""美满幸福"。榆村的汤圆一般以芝麻糖、豆沙或鲜肉做馅,外用糯米粉包成圆形,入锅煮熟后食之,风味独特。元宵节是春节的压轴戏,一家人在一起欢欢喜喜吃过汤圆、闹过花灯之后,又得为生计所迫而四处奔忙了。

清明土风

胡守志

"正月拜年认亲,清明上文认祖",徽州乃程朱理学的故乡,其社会结构历来以氏族为基础、家属为中心,慎终追远,一向把宗庙、祠堂、祖坟的祭祀当作头等大事。明代榆村人程一枝是被汪道昆、王世贞所推重的大学者,他在《程典》卷一"宗法志第十三"中说道:"人之生也,本之为祖,统之为宗,散之为族;祖也者,吾身之所出,犹水之根也""有生之道莫先于尊祖祭先"。故此人们尤其看重清明,其风情节令带有浓郁而独特的地方色彩。

榆村人称扫墓为"挂钱"。清明日一早,人们便肩荷锄头、腰系草刀、手提祭品,以家庭为单位,成群结头去祭扫先人的坟墓。先是为墓地除草,替坟茔培土,把整个墓所好好清扫修理一番,再从远处挖来一大块草皮,反扣于坟头,插上一挂用青竿翠枝的水竹擎起来的白纸钱,然后摆上供品,在墓前祭拜;拜毕,还要给山神、土地和左右邻坟敬香;有的还要用红银朱调匀桐油后重描墓碑上的旧字,同时燃香烛、烧锡箔、放爆竹,借以孝忱,追思悼忆。有的大户人家带上一些特制的米粉粿,挂钱完毕,分赠给墓地周围的牧童,俗称散"守牛粿",以示感谢照料祖坟之意。

旧时,榆村人上坟还有这样几种形式:一是即将出五服的孙辈只为远祖坟墓挂钱，修整墓地等义务由直系子孙承担；在"认祖归宗"思想的支配下，散居各地的后裔，清明日不约而同地会师于祖坟，家族庞大、人丁兴旺的人家，祖坟上往往插有几十甚至上百挂白纸钱，墓地上整日人影憧憧，香火不绝，其情其景，颇为壮观。二是家族中有重大喜事，或是有子孙衣锦还乡而举行的"春祭"，其仪式有繁有简，一般除了备办牲礼到墓前祭献外，还要举行隆重的"拜墓"，有的还有奏乐、宣读祭文等程序，以谢祖宗护佑之功。还有一种叫"哭坟"，这是妇女因丈夫早逝或儿子夭折，上坟时念及亲情，虽不至于像初丧那般伤痛欲绝，但触景生情，难免悲从中来，长哭当歌；哭词因人因事而异，自成音韵，令人闻之伤感，整个墓地充满一片愁云惨雾。

上坟挂的纸钱可谓是别具特色，样式为铜钱连串状，颜色也有红、白之分，长有三尺出头。纸钱纤纤巧巧，上贴葫芦顶，系以桑皮纸绳环，腰匝红纸。它不像北方祭祖时"献纸钱覆于坟头"，而是挂在竹枝上插于坟头：上坟前，先从山中砍来一根指头般粗细的水竹，去枝、去梢，仅在顶部留有带叶的枝丫；挂钱时，先将竹竿从纸钱的红匝腰中穿过，再把葫芦顶上的桑皮纸绳环套上竹丫，往坟头一插，一挂亭亭玉立的纸钱便在微风中摇曳出无限的风情；"卷絮搓棉，雪满山头是纸钱"，清明日的坟山因此显得无比的神圣灵幻。

其实，我国上古时代并不像后世这样看重清明节，原因是当初并无扫墓这项礼节。《礼记》云："葬也者，藏也；藏也者，欲人弗得见也。"只是后人渐重怀古，才产生了祭扫行为，此风据说源于汉代，《晋书·礼志》载："古无墓祭之礼，汉承秦皆有园陵。"以后便有春秋之祭，春祭在清明，秋祭在重阳。于是，清明祭祀坟墓的俗例，自汉相沿承袭，历两千余年而不衰。作为一种古俗的延续，榆村的祭扫之风依然保留着一些古老的禁忌。

虽说孝子贤孙祭扫先人是天经地义之事，但也不是人人都可以尽此孝道的。旧时，榆村程氏宗族规定：清明日不许妇女上坟，俗以为女人祭扫坟墓，意味着家中无男子，无子孙后代，这在极其重视子嗣的封建宗法社会里，是一条铁律，谁也不敢越雷池半步；只是到了近现代，此禁方才渐开，但一些上了年纪的女人仍恪守清明日不上坟的旧律。犯了罪被处以刑罚、身体因而留有残疾的也被禁止上坟，其意为"有辱先人"："身体发肤，受之父母，弗敢毁伤"，被刑为徒者，愧负刑辱，深深自责，当然也就没有脸面去祭拜祖先了。如因"忤逆"

犯了家法,被革除族籍的不当子孙,也被绝对禁止走近祖坟。"扬州八怪"之一的汪士慎是从榆村走上中国画坛的顶尖人物,然而他在扬州生活了几十年,却从未回过故乡,更谈不上到祖坟前祭拜,这显然是有违宗法制度和家族伦理的。这是个谜,谜底至今还没有揭开。不过,有的学者认为:汪士慎很有可能是触犯了族规被革除了族籍,因而无颜再见江东父老了。上坟挂钱也有忌讳:一是不许请人代劳,必须人到心到,否则是对先人的不恭。孔子曰:"吾不与祭,如不祭。"这种"祭扫不可假他人之手"之俗,可谓是源远流长了。二是上坟挂钱要专事专办,不许捎带着做其他事情,更忌讳借祭扫之名去走亲访友,违者被视为不孝。挂钱的时间也有讲究:老坟挂白钱,可以提前数日,但不能迟于清明,迟于清明则被视为是元后代的"绝户";而清明头一日为寒食节,也禁忌上坟。新坟挂钱,不能过春社(农历立春后第五个戌日为春社),挂的是红纸钱,而且要一连挂三年,这是千万不可弄错的。

旧时还有插柳、戴柳的风俗。清明日,家家户户将柳枝插于屋檐之前或门窗之上;男人头戴柳圈去扫墓,女人鬓簪嫩柳踏青,薄暮时分归家,连轿子上也插着青翠的柳枝。故此,榆村地区至今还流传着"清明不插柳,死后变黄狗"的乡谚。

"亲近大自然"也是清明节的主题之一,踏青游春古往今来都是一件十分受人欢迎的事情,尤其对屯溪街上的人来说,清明郊游到榆村,简直是一种不可抗拒的诱惑。是时,天朗气清,万木吐翠,柳风轻拂,紫燕呢喃,麦苗碧绿,菜花金黄,到处是一派绮丽而妩媚的大好春光。去郊外扫墓之余,一家大小得以尽情地流连于山野之间,嬉戏于花前水边,充分地放飞心情,享受大自然的恩典。游春之际,顺手折枝柳条编个圈儿戴在头上,也算是应了"踏青插柳"的景儿。因此说,清明节不仅是个悲伤的日子,也是个欢乐的日子、社交的日子,其内涵十分丰厚。

清明日吃猪头肉、鲜笋和马兰圆,也是榆村人的传统,且这三种食品不仅自己全家人都要吃,而且还要分赠予众人品尝。有竹园的人家,往往在清明前一日就要去挖春笋,然后一一送给亲友。猪头整个儿放入大锅内煮熟,冷却后剔去骨头,切成一块一块的,装入一碗一碗的,留些自家吃的,其余的与邻舍分享。肉汤有两用:一是用来煮笋,因猪头肉是腊月里腌制后晒干的,煮笋时香

踏青赏杜鹃

气弥漫,闻之令人垂涎欲滴,其味鲜美无比;二是用来做马兰圆,将糯米粉或籼米粉、山芋粉用肉汤和之,加入鲜笋丁、豆腐干丁和氽过的野马兰头,捏成一个个拳头般大小的圆子,放入蒸笼里蒸熟,食之香鲜可口,回味无穷,且特别耐饥。一般人家都要多做一些马兰圆子,除了赠予亲友尝鲜外,还可以留下自家吃个好几天。究其食源倒是大有古俗之遗风:吃猪头肉与清明祭祖用牲礼供品有关;吃鲜笋则寓意生活如笋拔节日日高;吃马兰圆子则与寒食节联系上了,晋文公重耳火烧绵山,逼死介子推后,为了忏悔和悼念这位辅佐自己复国而又耻于居官的贤士,颁令全国在介子推死难之日禁火一天,这就是寒食节的由来。由于这一日不能举火,人们只能吃预先准备好的冷食,于是,马兰圆子等食品也就应运而生了。因为寒食节是冬至后的第 105 日,恰巧第二日是清明,随着时光的流逝,吃冷食的风俗也就成为清明节的内容了。

清明祭扫、踏青插柳之风俗也反映出了盛世太平,百姓安居乐业了,才会有闲情逸致在旖旎的春光中游乐。如果处在兵荒马乱的年代,活人的日子都难过,哪还有心情去扫墓,更别说踏青插柳去郊游了。从这个意义上说,民俗往往又是时代的一面镜子:只有世道清明,才是百姓之福。

立夏纪事

胡守志

　　榆村人有这样一个特点.每逢岁时节庆,总突出一个"吃"字;特别是农村,除了正餐必须有荤腥之外,还按照时节的不同,准备了一些丰富多彩的传统食品,并都有其来历和忌讳。立夏尽管只是二十四节气之一,但它意味着春天的消逝,夏季的来临。这对农民来说,是一年之中最重要的转折点:落子下种,耕耘收获,全部的希望就在夏季里孕育;同时,夏季也是人们吃苦、流汗、精力高度消耗的季节。故此,人们认为,入夏头一天过得好坏,对整个夏季都是个预兆。为了祈求风调雨顺、五谷丰登、人丁健康、家运兴旺,人们对这一日的食物特别讲究。吃猪肉本是件很平常的事,可立夏日吃肉却有另一层含义:俗称吃肉不掉肉,能使自己在整个炎夏之中始终保持身体强壮;用嫩蚕豆或豌豆和着鲜笋、腊肉煮糯米饭吃,谓之"尝新",以示盼望有个好年成。用野茑苣叶的嫩头掺糯米粉做成一个个像茶杯盖大的甜米粿,蒸熟后,绿莹莹的,看上去煞是悦目,吃起来满嘴清香。俗称野苣叶是清凉去火之物,吃了夏天不会中暑,不会生疖。有些人家邻舍之间还相互赠送苣叶粿,除品味之外,尚有应吃百家食之兆。吃毛豆腐也是必不可少的,说是吃了它不会倒霉,会有好运降临。这种理论固然站不住脚,但毛豆腐确实是好吃的,传说不少外地人在品尝过火焙毛豆腐以后赞美道:"吃着徽州毛豆腐,打着嘴巴也不吐。"吃乌饭也是挺有意思的:人们采来枫树叶、乌饭树叶,捣碎后滤出汁液煮米饭吃,饭呈铁黑色,看上去形同猪食,令人作呕。榆村人为何要将白米煮成黑饭,众说纷纭:一说吃了乌饭,人可像猪那样无病无痛;二说古代有个"混合王",在落难日将要饿死时,是一个老婆婆于立夏日用乌饭救了他,故下令徽民品尝,以为纪念;三说目莲为了救母脱离饿鬼道,曾用乌饭冒充猪食,使众狱鬼不堪抢食,终免老母饿"毙"。不过,近些年来,这种苦涩、难看又不中吃的东西已渐渐无人问津。此外,立夏的早晨,对于孩子们还有另一份犒赏,他们大都能得到一碗香喷喷的鸡蛋韭菜油炒饭。有趣的是孩子们吃前必须先分出一些喂狗,说是这样孩子才不疰夏,酷暑之时也会长得像小狗一样活泼可爱,这无疑是长辈对后代健康的一种良好祝愿。

榆村还流传着立夏称人的习俗。农家把大秤用绳子吊在门前的大树上,下悬一把竹椅,全家老少分别坐上去称一称,看有多重。按旧时的农业社会来说,这也算是一种生理上的卫生检查吧。

艾叶粿

门神,这是榆村人在立夏日所崇拜的神灵。为了表示对这位神灵的虔诚,早上,人们把鸡蛋煮熟后,在门枕上把壳敲碎,说是敬神(其实还是人吃下肚了）。这一日，大人、小孩禁坐在门枕上，理由是让门神休息，否则将得不到门神的保佑，会做事没精神，白日打瞌睡的。尽管这荒唐至极，但从前不少人是深信不疑的。

山里边还有这样一种规矩，有竹园的人家，立夏即使发现有人偷笋也是能被宽容的。对此也有两种说法：第一种是吃了立夏笋，能避毒蛇咬，因民间传说竹子是毒蛇的舅舅，用竹竿打蛇，蛇不敢动，故要吃竹笋，以便消灾；第二种理由比较实际，节前的竹园要留笋养竹，怕挖笋人眉毛胡子一把抓，故封园禁笋，但从立夏这日起，笋子就可以食用了，外人挖几根笋过节吃，所以不受责怪，何况山里人有几家没有竹园的呢？

榆村立夏的时令食品虽说未必都是好吃的东西，但据此可见乡风民俗之淳朴。"好吃婶妾望时节，爱懒长工望落雪"，这是流传在农村里的两句旧民谚，透过这辛酸的民谚可以看出，古时百姓日子的清苦，特别是处在生活最底层的"婶妾"和"长工"。

另外，榆村民间还忌讳立夏下雨。农谚云："立夏落，炒破锅；立夏晴，好年成。"立夏落雨，意味着整个茶季湿气重，在那个用手工做茶的年代，"炒水草"会给茶农增加很重的额外负担；再者，阴雨低温对水稻的前期生长也不利。

端午习尚

胡守志

　　端午节据说已有两千多年的历史。究其源,一说为巫节,古人视端午日为"恶日",故以种种说法禳解,如《荆楚岁时记》所云:"采艾以为人,悬门户上,以禳毒气。"以角黍投江,实也是一种巫术,为祭鬼之举动。但后世多根据吴均撰《续齐谐记》,把角黍与楚大夫相联系,端午节成了纪念屈原的日子。而闻一多的《端午考》则认为,该日与古人崇拜龙的图腾有关,是龙的节日。还有人从《后汉书·礼仪志》中引证:汉代五月五日之风俗,来自夏、商、周的夏至节……其实,上述种种源说,都能在徽州地区的端午节民俗活动中找到佐证,得到诠注。

　　端午日为孩子系用五色丝编就的"续命线",佩用五色丝缀成的"端午锦",穿用五色丝缝制的"红布兜"和"虎头鞋",是榆村人最重视的节俗。如有当年生头胎的,外婆家还得于端午前的四月二十九日送来银质的长命锁、项圈及手镯,谓之"锁狗",其寓意有二:一是孩子会像小狗那样活泼可爱,二是被"神器"锁住后易于生养。这些习俗源于"恶日说"。古人以为五月初五五毒横生,鬼魅作祟,是个不吉祥的日子,该日出生的孩子有"克父害母"之嫌。据说孟尝君就因生于端午日而差点被其父溺杀,连贵为天子的宋徽宗也慑于此俗而不得不隐匿自己五月初五的生日。为了力避其害,古人想了种种办法予以禳解,而系"五色丝"就是其中之一;东汉应劭的《风俗通》中也有端午"用五色丝系孩童手臂,男左女右"的记载。

"端午锦"显然是孩子们的一种护身符,其系列产品有健人、绣囊、圆网蒜等,其中尤以健人制作得最为精巧:先用彩绸以五色丝缝制一个小男孩,骑在一只小老虎的背上,下面再缀上小铜钱、小角粽及网有雄黄、木香的小绣囊,然后再用五色丝把这几件东西连成一串,色彩斑斓;端午日把健人挂在孩子的胸前,据说能驱邪镇魔、遇难呈祥,因而十分惹人喜爱。可惜的是,这种精美的具有鲜明地方特色的手工艺品,现代的人们已很难见到了。作为一种吉祥的饰品,端午锦还博得了纯情少女的芳心:用硬纸叠成棱锥形,内放白芷、花椒、樟脑丸等香料,然后用五色丝线编织镶嵌起来;或用各种碎布做成如意形香囊,内置香料,外缀同心结穗等各种饰物。这些小玩意儿,往往是心灵手巧的显示,端午日分赠给女伴,名曰"送香包"。

端午这天,榆村地区家家门前插菖蒲,户户窗上悬艾叶,其意为"艾旗招百福,蒲剑斩千邪";堂前中堂上悬《钟馗打鬼图》,有的还要张贴钟馗符或是从道家买来的用黄纸印上蛇、蝎、蜈蚣、壁虎和蜘蛛图样的"五毒符";室内用铜脚炉或是火荒烧白芷、苍术、芸香,点燃硫烟,直熏得烟雾腾腾;主妇还用艾叶蘸着雄黄酒在屋边屋角抛洒,边洒边吟道:"端午时,端午节,蜈蚣蛇蝎出去歇,石头开花再来接。"中午家宴喝雄黄酒,先要用酒在孩子的额头上写一"王"字。有的人家尚存蓄药的习俗:午时钟点敲响时,让手臂上系有"长命线"的孩子,把一块上等徽墨硬塞进一只预先捉来的癞蛤蟆的嘴中,待其沾满口水后取出,当作止血良药予以保存;有的人家还将雄黄与蒜泥搅拌后封存起来,作为治疗虫噬蚊咬和无名肿毒的良药,正如古籍上所云:"此日蓄药,以蠲除毒气也。"做完这一切之后,据说五毒和魑魅魍魉就不敢再进家门了。

家里要平安,村里也要吉祥,于是,民间游艺"跳钟馗"又在端午下午热热闹闹地开场了:由一名健壮的后生双肩扛着一尊钟馗坐像,伴以锣鼓,穿街过巷,在阵阵爆竹声中不停地做"驱鬼赶鬼"状;有的由一人扮持钢鞭的钟馗,一人撑黄罗伞,一人扮蝙蝠,三人配合默契,尽情舞蹈,犹如一幅活动着的端午钟馗打鬼图;有的大村镇还兴师动众在街头广场上演"钟馗嫁妹"戏文……总之,端午的钟馗成为人们崇拜的偶像。

吃粽子的习俗似乎又印证了"端午节源于夏至节"之说,因为南朝梁时的宗懔曾说过"夏至节,日食粽"。粽子,古时称"角黍",它最早出现在春秋战国时期,用菰芦叶裹黏米,以醇浓的灰汁煮熟,即可食。榆村人称"角黍"为"角粽",是用箬叶包裹而成的,呈四角枕头状,长大肥硕,两道棕榈叶捆索。里面的糯米也有讲究:咸味的,拌以酱油、盐、味精,中间夹一块半肥半瘦的腊肉;甜味的,中间包一团豆沙,或放几枚红枣、几颗板栗肉。这种角粽经过热煮、冷闷,只只油光溜溜,香气扑鼻,吃起来不仅味美可口,而且极富营养。由于端午节时为夏季,天气炎热,所以包裹的多为灰汁角粽,性凉、耐饥,且又宜于保存。民间自古又有"未食端午粽,寒衣不敢送"的谚语,这也说明,吃角粽是进入夏季的重要标志之一。榆村人还时兴在端午节里吃寓意"步步高升"的绿豆糕和"四季发财"的咸鸭蛋,除了表达祝福以外,绿豆、鸭蛋和灰汁角粽一样,都具有清热去火、调整肠胃的功能,确实是上乘的夏令食品。吃角粽原是与夏至节令有关,后人把这一习俗同纪念屈原联系了起来,虽说有些牵强附会,但也得到了世人的一致认同。

端午粽子

中秋夜话

胡守志

中秋节起源的一个说法是:农历八月十五是稻子成熟的日子,人们要拜土地神,中秋可能就是秋庆的遗俗。另一说是源于古人对自然的崇拜。据《国语·周语》载,我国三代时就有"秋暮夕月"的习俗,"夕月"就是祭拜月神。按习惯,"夕月"一般都在八月十五日举行,历代帝王都沿袭此俗。"中秋"一词最早出现在《周礼》中,至魏晋,"中秋"过节成俗。唐代欧阳詹在《长安玩月诗》序言中说:"八月中秋,季始孟终,十五于夜,又月之中,稽之大道,则寒暑匀,取之月数,则蟾魄圆。"中秋节正式定名于宋代,明清至今,节俗一直勃兴;正是"团圆"这个美好的主题,赋予了中秋节特别深厚的文化内涵。

榆村的中秋佳节,有与其他地方一样的习俗,也有自己独特的风情。

团圆饭 中国人历来很重视家人团圆、亲友欢聚。迫于生计,人们平日总是四处奔波操劳,因此,每逢佳节倍思亲。榆村人在"花好月圆人团聚"的中秋节晚上,家家户户都要举办家宴,男女老幼围桌而坐,欢欢乐乐地吃一顿团圆饭。这顿饭很重要:象征着父慈子孝、兄友弟恭、夫唱妇随,象征着家庭和睦、吉祥如意、美满幸福。旅外的家庭成员,除非万不得已,都要日夜兼程返回家中"圆月",让自己,也让全家人都能尽情享受这温馨而又甜蜜的天伦之乐。既然谓之"家宴",菜肴必然较之平日要丰盛得多,其中当然有全鸡(大吉)、全鱼(有余)、方肉(福气)、圆子(团圆),但尤其特别的是,不管家道贫富,家家的餐桌上都有一道土得掉渣的风味菜——烩芋头。中秋节吃芋头是有来由的:榆村的芋头为旱芋的一种,既可当主食,也可当菜。由于芋头为母子群生,且母壮子多,都为圆形,吃芋头寓意人丁兴旺、合家团圆。另有一说:玉帝一次与土地神探讨世间事物时,土地神主张天下人人丰衣足食,但玉帝却主张富的可以富上天,穷的可以穷断粮;土地神认为太过分了,民以食为天嘛,于是就暗中教穷人种芋头以抵半年粮;人们为了感谢土地神的恩德,每逢中秋节都要用芋头来祭祀他。团圆饭的菜肴,不仅品种要多,分量也要足,端上桌时都要盘满碗满堆了尖的;各聚其家,各掩其门,各自体验弥漫菜香酒香的幸福时光。吃团圆饭时,杯筷可以多摆,全家不足八人或十人的,也要摆个足数,谓之"满福满寿";外出未归的亲人,也要替他留出座位,布一份餐具、饭菜,以表示殷殷思念之情;大家围桌而坐,大快朵颐,其乐融融。团圆饭这道"精神大餐"吃的就是这种亲情氛围。

祭月·拜月 "八月十五祭月神"作为一种信仰民俗,殷周时就有"击土鼓吹《幽雅》""祭月以西""祭月以坎"等仪礼,明代刘侗也有"八月十五祭月,其祭果饼必圆"之说。榆村地区祭月风俗也很古朴。旧时的大户人家每逢中秋夜,便在庭园里、天井中设置香案,摆上锡制烛台、香筒和香炉等供器,供桌中间立有一块衬底的木架,上面放着一个特制的大月饼,四周摆满了供菜及时令新鲜瓜果;待玉兔东升之时,高烧红烛,焚点檀香,全家人按辈分长幼依次祭拜月神,以祈求福禄寿喜。一般农户祭拜仪式虽然简便,但祭品毫不逊色:从树上摘几只雪梨或几只石榴,从架上摘一个带叶的嫩南瓜,从地里挖几个带皮的芋头,都是新鲜、圆溜溜的,再加上月饼,分别装入一个个圆形瓷盘内,届时恭恭敬敬地祭月神、祈丰收。"亲邻笑语敢喧哗,妇女相过玩月华。百步踏回还拜月,滚圆月饼托南瓜",清代诗人吴梅颠的这首《徽歙竹枝词》,说的就是祭拜月神之事。在中国的风俗史上,流传着"男不拜月,女不祭灶"之说,因为月神被认为是女性神,恐男子拜月会亵渎了女神。但在榆村地区,祭拜神灵时这种"男女有别"的禁忌似乎并不存在,不仅男子可以祭月拜月,腊月二十四妇女也同样可以祭灶送灶。此俗的嬗变,从某种意义上说是社会的一种进步,也是"祭月"这种信仰习俗过渡到岁时习俗的具体表现。

月饼·赏月　月饼是中秋佳节的传统食品。古人把圆月视为团圆,满月形的月饼,也跟十五的月亮一样,寄托着人间团圆的美意,故月饼又美其名为"团圆饼"。中秋节吃月饼的风俗是如何兴起的呢?民间有种种说法,有说是唐明皇游月宫时带了象征圆月的甜饼,有说是朱元璋借用月饼传递起义信息……其实,月饼是古代人们祭祀月神的一种供品,在祭月仪式结束后,人们或分而食之,或成为馈赠亲友的礼品,久而久之,月饼成为"中秋""团圆"的代名词。现代人吃月饼很随意,想吃就吃,想吃多少就吃多少,而古俗却很有讲究。据榆村乡程浓川老人生前回忆,旧时吃月饼要在中秋节晚上祭拜月神仪式结束以后,而且还有一个分月饼的礼节:先由家庭主妇持刀分切月饼,要算好家中有多少人,在家的、外出的,如有孕妇算两个,有多少人月饼就要切多少块,不能多一块也不能少一块,而且每块大小要一样,不能或大或小或破碎一角,总之,合起来是一个整圆形;月饼切好后分装在小瓷盘内,先敬长辈,依次类推,大家都接到了月饼,才能品尝,谓之吃团圆饼。月饼给人们的感觉不仅是美食,还有吉祥、幸福、美满、欢乐或者更多的含意。"天上一轮才捧出,人间万姓仰头看"。中秋赏月,古今之时尚。"中秋节前,诸店皆卖新酒,贵家结饰台榭,民家争占酒楼玩月,坐歌远闻千里,嬉戏连坐至晓。"这是宋代民间赏月玩月的盛况。榆村地区广泛流传着嫦娥奔月、吴刚伐桂、白兔捣药、玉蟾生辉以及唐明皇梦游月宫等神话。中秋之夜,人们喝过团圆酒、吃过团圆饼后,往往全家人聚集在庭院里、桂树下,面对着皎洁的中秋满月,听老人历历如画地讲述发生在广寒宫里的传奇故事,使孩子们对无限的宇宙产生了久久的遐想。客居他乡的赤子,"抬头望明月,低头思故乡",天上月圆,人盼团圆,于是,"但愿人长久,千里共婵娟"便成了脍炙人口的千古绝唱。

舞香龙　俗话讲,八月中秋定收成,舞香龙无疑与农业生产息息相关。旧时农村缺乏水利设施,田地多为"望天收",收成皆由天定;五谷丰登,舞香龙成为人们庆祝丰收的盛典;旱涝年头,舞香龙又成为百姓祈求风调雨顺的祭礼。总之,无论收成如何,榆村地区的农民都要在中秋节的晚上舞香龙,其中以榆村和富溪的规模最大,香龙其实是草龙。中秋日下午,村中的农户便家家献出新鲜的干稻草,人人参与香龙的制作。龙身全部用稻草一层层叠裹而成,外面用草绳一圈圈压紧；龙身每隔八尺左右支一撑扛，以供舞者把持；龙头龙尾由篾扎、纸糊、彩绘而成，内置蜡烛，眼能放光，嘴能喷火，样式极其威武。香龙长短没有定规，村子大，舞的人多，龙身就长，最长的可达100多米。舞动时上面插满点燃的棒香，所以又名"香龙"。是夜，喝过团圆酒的农民便敲起欢快的锣鼓，舞动着香龙庆贺丰收。当舞至各家各户时，龙头总是对着大门左摇右晃，于是，男主人就以鞭炮相迎，女主人便将点燃着的棒香恭恭敬敬地插在龙脊上，并以红烛供奉龙头。鞭炮越响，舞者越狂；香火越旺，观者越欢。龙行之处，鼓乐喧天，香气弥漫，烟雾缭绕，其氛围带有七分火爆三分神秘……当香龙游到社坛广场，舞者更是如虎添翼，他们纵横腾跃，不断变化出"望月""献月""盘月""追月"等造型，把一条原本简陋的草龙摆弄得灵气横溢、出神入化。

中秋舞香龙

舞香龙有一些禁忌，如一个村只准舞一条香龙，因为"龙多不治水"；香龙巡舞时要游遍村中所有的农户，但不准舞出村界，为的是"肥水不流外人田"；香龙所到之处不得阻挡、冲撞；龙头不许女人触摸，龙珠不可落地，龙身不得跨越，龙灯不能吹灭……对舞龙者也有特殊要求：舞龙头者必须是父母健在、儿女双全的有德之人，持龙珠者必须是品行端庄的"童男子"，其余舞者也不得有劣迹。更有意思的是，舞至夜阑尽兴后，必须把香龙送到水口外，并抛入溪河之中，使之回归大海，以佑来年五谷丰登。

秋收后的南瓜

摸秋 摸秋是征兆民俗的一种遗存。古人出于对征兆的信仰，认为某些植物是有意识、有感觉、有人格，甚至是有魔力和神力的，能对自己的某种意愿有所昭示。榆村人称摸秋"砸运气"。在月华如水的深夜，有意摸秋的人便开始神秘地行动了。他们分别潜入别人家的菜园，慌慌张张地摸到一种瓜果蔬菜后随即返回家中预卜福祸。如摸到了南瓜认为有福气；摸到了羊角（豇豆）认为有寿源；摸到了生的豆荚，未婚者昭示将走桃花运；摸到又长又青的丝瓜，有意仕途者将能做个长长久久的"清官"（榆村方言"瓜"与"官"同音）；"摸到鹿苏（茄子）一手刺""摸到冬瓜一身毛"，若摸到这两样东西，就意味着流年不利要倒运。然而，不同身份的人对摸到同一种东西，却有着截然相反的理解，比如，婚后未育的女人摸到冬瓜，她的感觉不是"一身毛"而是"一肚子"；冬瓜多子，主子嗣，是个好兆头，于是欢欢喜喜地把冬瓜抱回家，为它裹上一件红衣裳后放进被窝里,第二年就会喜得贵子……"摸秋",说到底是在月光下去偷人家的瓜菜,尽管约定俗成,总不能光明正大地行事吧? 于是,有关摸秋的一些禁忌就产生了:摸秋时只能独行,不许结伴;未摸到瓜菜前被人发现,摸秋即刻停止;摸秋仅限于中秋夜,通宵不禁,但只能摸一次,一次只能摸一样,否则被视为盗窃;被摸走瓜菜的人家不能骂人,违者将会失去人心……如此说来,要想摸到一件称心如意的"秋"还真不那么容易呢! 好在最终解释权掌握在自己手中,只要出门,多少都会得到一些慰藉和满足,这也是摸秋这种习俗得以流传至今的一个重要因素。"八月中秋偷北瓜,相逢不当贼来拿。芋头多子亦遭窃,佳贼原非饱自家",《徽歙竹枝词》中描绘的也是徽州摸秋风俗。说来也有意思,随着科学的发展和社会的进步,人们对摸秋这种前兆迷信也不那么相信了,但每到中秋夜,总还是有人去碰碰彩头。尤其是在那些个饥荒的年头,"摸秋"这种风俗真不知让那些食不果腹的人感恩了多少回……

重阳俗信

胡守志

九月初九，谓之"重阳"，其名源于《易经》的"以阳爻为九"，九为阳数，双九重叠称"重阳"，也叫"重九"。古代"九"又有多的意思，与"久"同音，故九月九日被认为是个值得庆贺的日子。三国时曹丕《九日与钟繇书》中也说："岁往月来，忽复九月九日，九为阳数，而日月并应，俗嘉其名，以为宜于长久，故以享宴高会。"魏、晋、唐、宋以来，吟咏九月重阳的诗词甚多，可见古人对重阳节的重视。

重阳佳节，天高云淡，金风送爽，五谷飘香。榆村人在重阳节这一天去登高、佩戴茱萸、饮菊花酒、赏菊花、吃重阳糕、赶庙会，此俗可谓是源远流长、古趣盎然。

关于登高，古徽州流传着这样一个故事：东汉时有个叫桓景的人，拜道士费长房为师。一天，师父对他说，九月九日其家有灾，赶快回去，叫家人臂系茱萸绛囊，再登高饮菊花酒，此祸可消。桓景照做，登高归来，见家中鸡犬牛羊皆死，唯人平安。这就是重阳登高古俗之由来，茱萸、菊花酒也因此被后人誉为"辟邪翁"和"延寿客"。

榆村地处屯溪盆地，境内无高山峻岭，因此，人们便把风光秀丽的辛峰塔作为重阳日登高览胜的首选目标。人们徜徉在山水林莽之中,流连于古刹浮屠之间,或登高远眺,或坐饮菊酒,或猎奇寻幽,或礼神拜佛,乐得一天逍遥自在。"独在异乡为异客,每逢佳节倍思亲。遥知兄弟登高处,遍插茱萸少一人。"这是唐代诗人王维在重阳节登高时怀念故乡亲人而创作的名诗,也真实记录了古代登高、插茱萸的习俗与此一脉相承。

旧时榆村人登高时也必插茱萸以避邪,即使当地无茱萸可采,也要事先从中药铺里买得茱萸果实,装入绣囊之中系于臂之上。茱萸不仅是消灾避祸的吉祥物,更是高尚、高升、高寿的象征,故重阳日又有互插茱萸之俗行:夫妻互插表示白头到老,百年恩爱;兄弟互插意味手足情长,步步高升;老人互插象征友谊高洁,延年益寿……这种带有浓厚祝福色彩的礼仪,很明显已远远脱离了其原始的迷信范畴。

在重阳节的享宴高会上,菊花酒是绝对不能少的。据《西京杂记》载:"菊花舒时并采茎叶,杂黍米酿之,至来年九月九日始熟就饮焉,故谓之菊花酒。"可见重阳日饮菊花酒,早在唐宋时期就很流行了。榆村人对菊花酒也是情有独钟,不仅重阳必喝,就是平时也会常饮,而且还形成了自己独特的酿造工艺。直到现代,市场上还风靡着一种"黄山贡菊酒"。这种酒以糯米、贡菊、蜜枣、猕猴桃、银耳和冰糖等为原料,菊香迷人,营养丰富,常饮能养肝明目、强身健体。

重阳赏菊,可谓是千古之雅事。"艳艳秋菊夺春华",一株株菊花凌风竞放,把秋色渲染得胜似春光。古代文人写有不少重阳咏菊的佳作,像白居易的《重阳席上赋白菊》、王安石的《城东寺菊》、苏东坡的《九日次韵王巩》等等,在中国文学史上留下了灿烂的一章。徽州乃贡菊之故乡,菊花以品位高雅而闻名遐迩,且品种繁多,千姿百态:红如涂朱,白似素玉,绿像翡翠,黄若镏金,黑类墨染……五色缤纷的菊花,使这块古老的土地充满了生机。

榆村人赏菊,最重熔形态与神韵于一炉的菊名,品味的是其高雅、丰厚的文化底蕴。供观赏的菊花以花色、花瓣、花形而命名的居多,如"银丝串珠""沉香托桂""绿柳垂荫""朱帘飞瀑""玉蟹冰盘"等;还有赋予菊花人格化的命名,如"西施浣纱""湘妃晚妆""嫦娥奔月""麻姑献瑞"等;更有一种依据色、瓣、朵综合而命名的,如"贵妃醉舞",取其色粉红、瓣肥厚、形多姿,微风拂动时,极似历史故事中的杨玉环带醉曼舞……总之,赏菊时务品其名,得菊后勿俗其名,这是榆村人,也是整个徽州人重阳赏菊时所特有的文化品位。杜牧有诗云:"世人难逢开口笑,菊花须插满头归。"今日之重阳,人们虽然已是无鬓可以插菊,但赏菊、品菊、咏菊之风仍很盛行。"通体无俗调"的菊花,总是用它那清雅的风骨,给世人以美的享受和启迪。

"待到重阳日,还来就菊花",榆村人不仅在重阳日饮菊酒、赏菊花,还有食菊花之俗。《神农本草经》将菊花列为上品,言"久服利血气,轻身耐老延年";屈原在《离骚》中也有"朝饮木兰之坠露兮,夕餐秋菊之落英"之说,食菊花可谓自古有之。菊花入肴,可鲜食、熟食,蒸、炒、炸、烧、拌皆可,尤以入馅为佳。徽菜中就有菊花豆腐、菊花鱼球、菊花肉卷、菊花藕羹、菊花馅饼等系列佳肴。

重阳赏菊

不过,榆村地区最有节令文化风味的食品当数人人必吃的"重阳糕"。榆村人素以吃糕为大吉大利,因"糕"与"高"同音,民间寓意高升、高寿、高发……重阳节吃糕,似乎又多了一层登高的意思。榆村的重阳糕有两种:店铺出售的,食客自做的。店铺中出售的叫"桂花糕",多为长条形,用精制的面粉、白糖、桂花等原料制成;店家为了抢占市场,往往又在造型上别出心裁。民国初期,榆村廊亭街上一家南北货号推出了一个新品种:宝塔形重阳糕,糕有九层,上面有两只小羊,取重阳(羊)之吉兆,更有趣的是底座上还嵌有两支细蜡烛,借用"讨口彩"的方式,以"点灯""吃糕"来表现登高的意境。农家制作的一般都为糯米糕,把糯米饭捣烂后制成条块,上面撒些芝麻和香料,食前可蒸可炸,味道有甜有咸,既可作为耐饥的主食,又可作为礼品馈赠亲友。

榆村人还有赶重阳庙会的惯例。与榆村毗邻的临溪古镇,每年都要从黄坑古寺借去周王老爷而举行周王庙会,借以祭祀晋代英烈侯周处。会期前后有3天,重阳节为正日,除了做佛门法事之外,还要搭台唱上三日三夜酬神戏。届时,方圆数十里的群众云集临溪,那条3里长的老街被挤得水泄不通。榆村至临溪的15里路上,终日行人,车马络绎不绝,此俗几百年来延续至今,仍是盛况不减。

腊月风情

胡守志

但凡生活在榆村的人，一踏进腊月的门枕，就能闻到越来越浓的年味。

在我国古代，"腊"是一种祭祀的名称，夏朝称"清祭"，殷商称"嘉平"，周朝称"腊祭"；秦始皇统一中国后制定了新历法，将处于冬末春初新旧交替之际的十二月称为"腊月"，并把举行"腊祭"的那一天称为"腊日"；至南北朝时，腊日被固定在每年的腊月初八，这就是传统的腊八节。

榆村人过腊八节旧时有两大盛事：一是隆重举行"祭祖先，敬百神"仪式，以祈福寿，避难迎祥；二是黄坑古寺要举办盛大庙会，诵经作法过"佛成道节"，因为佛祖释迦牟尼就是在十二月初八修成正果的。时至今日，人们仍然重视腊八节，只是淡化了祭祀和宗教色彩，而吃腊八粥、打埃尘等传统习俗依旧盛行。受旅外徽商的影响，榆村的腊八粥风味独特。大户人家以优质糯米为主料，掺入红枣、桂圆、莲子、核桃、栗子、杏仁、花生、红豆、白果等辅料；人们从初七的晚上开始备料，忙到半夜下锅，大火煮开后用微火慢慢炖到天亮，才算把一锅香喷喷、甜丝丝、鲜美无比的腊八粥熬好。也有的农家以糯米、干羊角（豇豆）、干白菜、干南瓜、红豆、红薯、芋头、腌猪板油混合煮成咸味粥。吃腊八粥前，先要舀几碗祭祖敬神，而后装在食盒中馈赠亲友，最后是合家大小一起品尝。家中养有猫儿狗儿的,也要喂上几小瓢。传统习俗认为吃了腊八粥可以驱邪气、保平安。若把粥施舍给穷人或乞丐,还是一件积德的事呢。其实,腊八粥本是佛教的仪俗:传说释迦牟尼在得道之前曾因饥饿昏倒于途,幸有牧女相救,施以用杂饭、野果煮成的粥,才有后来的成佛之日。为此,佛教徒在腊月八日仿效牧女熬粥以供佛祖,并广施于凡夫俗子,借此纪念"佛成道节"。宋代开始,腊八粥已从佛门行事扩展到民间的一般俗行;至清代,平民百姓吃腊八粥已是蔚然成风。榆村人熬腊八粥要熬一大锅,也作兴送与亲友品尝。不过,送粥只局限于腊月八日上午,但家中吃剩的粥如能吃上几天,却是"年年有余"的好兆头。更离奇的是,已出嫁的闺女不能吃娘家的腊八粥,否则娘门一年都不如意,故有俗谚云:"腊八不吃娘家米,吃了娘家米,一世还不起。"

打埃尘是腊八节的另一个重要内容,"家要发,腊八刷",其意义无疑是"除旧迎新,祓除不祥"。榆村的旧式家庭平日很少彻底清理,尤其是农家,经常把一些家具、杂物,以及不常用的东西,随意堆叠,日积月累,杂乱无章,墙缝屋边布满蜘蛛网,角角落落成为蚊蝇滋生地。于是,腊八节便成为每年一次大扫除的好日子。家庭主妇通常是先把卧具、家具用布幔遮盖好,然后开始整理什物,能用的归归类,弃用的处理掉;接着用长竹竿绑扎着扫帚,通屋上下刷扫一遍,再将桌椅碗橱等家具擦拭干净,最后连地面都冲洗得清清爽爽。凌乱的家庭通过一天的打埃尘,往往给人耳目一新的感觉。

腊月二十四也是个重要的日子,俗称过小年。"长工短工,二十四下工",忙碌了一年的人们,到了这一日,大多都可以停止繁重的劳动了;旅外经商、异地打工者,也都放弃赚钱的机会,纷纷返乡准备过年。这种观念根深蒂固,延续至今日便产生了一个有十几亿人次大流动的"春运"。廊亭街上的商家却不同,店员们于这天晚上吃过"小年酒"后,开始加班加点做生意,而且要一直忙到除夕深夜。当晚,民间还有一个极其神圣的仪式——送灶神。传说灶神是天庭长期派驻民间的"监察御史",监视世人的言行举止,并定于每年的腊月二十四升天,向玉皇大帝汇报人间恶善。玉帝就是根据灶神的奏闻,安排各家来年的吉凶福祸。榆村人称灶神为"灶司老爷",抱着"祭神如神在"的心理,家家户户的灶上都设置了神龛,每逢初一、十五,或过年过节,或有红白喜事,都要烧香供饭换净水。由于平时婆媳口角、夫妻隐私、说人长短,多发生在厨房,灶司老爷高高坐在神龛内洗耳恭听,往往一句不漏;等到人们发觉不知何时说漏了嘴,已是悔之晚矣,为了免受惩罚,只好用"糖衣炮弹"去堵灶司老爷的嘴。于是,在送灶时,不论家道贫富,一律焚烧纸扎的轿马送灶神升天,并把写有"上天奏善事,下地保平安"的红联贴于神龛两侧;而奉祀的供品也很丰盛,其中又甜又黏的糖饼是绝对不能少的,灶神嗜好甜食,吃了糖饼甜了嘴,在玉帝面前就尽讲"甜蜜蜜"的好话,当然就不会无中生有、无事生非了;除夕之夜再用同样的办法把它从天庭接回家中,所不同的是改烧"轿马"为"柏枝",谓之"百无禁忌"。人们害怕灶神上天打小报告的心理,还体现在一些忌讳方面,诸如忌在灶上烹煮或烧烤"秽物"(狗肉、女裤、尿片等之类),忌在厨房骂人、吵嘴、打架,忌在灶上重放或磕碰锅碗盆筷等。总之,对"大权在握"的灶司老爷人们总是小心翼翼,媚之余敬之,敬之余防之。其实,当人类摆脱茹毛饮血的野蛮时代后,灶就成为人类文明不可缺少的一部分,它不仅使人们享受到精美可口的食品,而且是一个家庭的象征物。应该说,祭灶的初衷是出于古人对"火"的崇拜,属于一种残存的原始遗风。"媚灶"只是后人把灶神化、人格化的附属物而已。

过罢腊月二十四,就算是徐徐拉开了过大年的序幕。榆村的商业中心,尤其是廊亭街上整日人头攒动,热闹非凡;商家门庭若市,买卖十分红火。人们都在忙着筹办年货:有贺岁的烟花爆竹,有礼神的香烛锡箔,有穿的成衣布料,有吃的鸡鸭鱼肉,有用的碗盏杯碟,有贴的春联年画……与城里人相比,乡下人所备的年货更为丰盛,而且大多是自产自食:家家要开圈杀年猪,少则一头,多则两三头,吃不完,腌起来,腊肉腊蹄(火腿)装满一王桶(大桶);村村干塘捉年鱼,草鱼、鲤鱼、花鲢鱼,装入篓中,养在溪里,随时吃随时提,条条活蹦乱跳;蒸上几斗糯米饭,酿成几坛甜米酒,杯杯醇又香,养人养精神;淘米裹角粽,猪肉粽、豆沙粽、灰汁粽、红豆粽、板栗粽,煮熟后挂满几竹竿;舂粉做年粿,糯米粿、籼米粿、粳米粿、乌麦粿、芦稷粿,蒸熟后浸入清水缸,可以陆续吃到来年二月二;推石磨,做豆腐,三板四板不嫌多,一板豆腐二十一块,块块像砖头,加盐余过再晒干,更是一道风味独特的下酒菜;此外,还要做脆生生的冻米糖、香喷喷的芝麻糖,炒了瓜子炒花生,蒸好肉包蒸腊肠,杀了肥鸭再杀鸡,挖罢冬笋摘香菇……总之,家家几乎把所有好吃的东西都备齐备足了,那种富庶的程度在外地人的眼中,简直可以用"奢侈"两个字来形容。其实,乡下人并不是都很殷实,他们所备的年货大多不是为了自己享受:一是送给城里的亲戚;二是正月里人来客往好招待,俗话说"三个指头遮面嘴",再穷也不能穷年节。正是这种"以客为尊"的淳朴乡俗,酿就了腊月里浓郁的年味。

晒腊肉

榆村人旧时还有"打更巡夜"的风俗,从腊月初一起,至除夕夜止,每夜由两个更夫出巡,一人敲粗竹筒,一人打大铜锣,走村穿巷,敲打出"笃、笃笃笃——哐"的声音;有时还扯着喉咙喊道:"腊月寒冬,火烛小心!防贼防盗,门户关紧!"这种打更巡夜的腊月风俗,尤其令人难忘。

年俗杂记

胡守志

　　春节,又称过年,是我国最为盛大、民俗最为集中的节庆。无论品味哪种年俗,都可以触摸到古老文明的脉搏。

　　榆村人过年讲究合家欢聚,尤以年末、元旦为重,所展示的年俗凝结着伦理的情怀、生命的意识和宗教的色彩,其核心是以家庭伦理结构和人伦情感关系为支撑的。乡谚云:"赶忙三十夜,清闲初一朝。"正是这一忙一闲,构成了榆村人家独特的年俗。

　　"三十夜"(除夕)要忙的事很多。人们要采购正月里拜年、待客用的酒烟糖糕;要清偿债务,不能失信于人;要打扫卫生、挑土补路,贴春联年画、张灯结彩,图的是干干净净、红红火火迎新春;还要为"初一朝"做吃的准备:打面条、擀饺皮、煮盐茶鸡蛋、炖莲子羹……总之,该在年前做的事都得一一做完。

　　羁旅他乡的游子,除非万不得已,再远再忙也得在除夕这天赶回家与亲人团聚,否则,"过年都不来家"就成了"不孝顺"的潜台词。

　　家庭主妇要准备最为丰盛的家庭宴会——年夜饭,其中有这样几道菜是绝对不能少的:全鸡(大吉)、全鱼(有余)、方肉(福气)、圆子(团圆)、干羊角(长寿)、菠菜豆腐(清白)……菜肴不仅品种要多,分量也要足,端上桌时都要盘满碗满堆了尖的;米饭也要多煮,有意剩饭吃到来年,取"吃不完"之吉兆,故又派生出"正月初三之前生米不下锅"之俗。年夜饭是春节的重头戏,所承载着的是合家团圆、五谷丰登的美好祝福。旧时,无论是官宦之家,还是乡野草民,都要与祭拜祖宗连在一起,各聚其家,各掩其门,各自体验弥漫菜香酒香的幸福时光。吃年夜饭时,杯筷可以多摆,全家不足八人或十人的,也要摆个足数,谓之"满福满寿";外出未归的亲人,也要替他留出座位,布一份餐具、饭菜,以表示殷殷思念之情;大家围桌而坐,据台饮嚼,大快朵颐,其乐融融;年夜饭这道"精神大餐"吃的就是这种亲情氛围。古人称年夜饭为"分岁",或叫"团年饭",前者有"分"享"丰年"的意思,后者有合家"团聚"过"年"的味道。呼分岁也好,叫团年饭也好,其实是两种解释,唯独为两者所共同的是饭桌上的那条鱼千万不要动筷,这鱼代表着"富裕"和"有余",象征着来年的"财富"和"幸运",它属于一种摆设,或者说是一碗"圣菜",除夕之夜是吃不得的。此俗至今仍在乡下某些地方流行。

榆村元宵舞龙

吃罢年夜饭,全家不能马上散席走人。孩子们要逐一向长辈"辞年",而长辈则摸出早已准备好的压岁钱,并说上一些勉励、祝福之类的吉语。榆村人发压岁钱不局限于孩子，凡是未曾婚嫁而又未能自食其力者都享有特权，一般是祖辈赐给孙辈，父母发给儿女，嫂嫂塞给小姑，叔伯递给子侄；有些人家还作兴讨要压岁钱，越讨老人越欢喜，认为越讨人气越旺。压岁钱又称压祟钱，源于古人于除夕夜驱邪求祥的信仰：家长担心孩子在新的一年中有什么不测，化些钱财买通神祇，压住岁年，以求无病无灾。古代的压岁钱是用红丝线穿上一百枚铜钱做成的，取其"百岁"之意；到了近现代，一般都是用红纸包纸币，递手时有的还要说上一句"红纸为大"，意思是钱少，但红纸代表"红时""走运"，孩子得了红包会有福气的。孩子接了压岁钱，放在枕头下就可以入睡了；有的人家为防初一朝会出言不逊讨来晦气，就趁机用草纸擦擦孩子的嘴巴，意味着届时乱言神灵就不会介意了。

旧时年三十夜里在焚香礼神接来灶司老爷之后，便是张贴春联、门神，并在猪栏牛栏、鸡窝鸭舍及水井、犁耙等生财用具上贴上写有"万事大吉"的红纸条，而后关上大门，要等到第二天一早开门"接财神"。这一晚大家围炉而坐，长谈欢叙，共同度过一年之中这最后一夜，"守岁"至黎明。古人守岁有两层含义：年长者守岁为"辞旧迎新"，有珍惜光阴的意思；年轻人守岁为延长父母之寿命，是"孝心"的表示。

榆村廊亭街上较大的商店除夕夜照常营业，店门外挂着大红灯笼，店堂内点燃着一对明晃晃的特制大蜡烛，一支有二三十斤。店家平日做生意流行赊销，民间相互借贷也较多，徽俗除夕之前一定要银账两讫，结清所有债务；对于失信之人，债主就会在吃过年夜饭后提着灯笼上门讨债。有的欠债人因实在无力偿还，也有的要恶意赖账，往往抽身外出躲避，皆称"做皇帝"。直到三更过亥时，街巷爆竹响声一片之际，欠债人才大模大样地回家，并戏谑道："爆竹一声除旧，皇帝摆架回宫。"因为过了亥时就是正月初一朝了，而俗规是禁忌新年期间向人讨债的，否则，借贷双方一年之中都会不顺心。

"一夜连双岁，一更分两年"，屯溪人在除夕之夜要点亮家中所有的灯火，而且是通宵达旦，终夜不熄，俗称"光年"，有"一年中光明遂愿"的寓意。

正月初一，榆村人称"初一朝"。晨起，大人小孩穿戴一新，初次见面，幼辈要向长辈跪拜称呼，长辈则拱手回揖："恭喜百百岁"；同辈至亲也要互相道喜祝贺新年。早上的"新年第一餐"最受重视：全家围桌而坐，先是吃利市茶、元宝蛋(盐茶鸡蛋),泡茶每人要泡双杯,连抱在怀中的婴儿也不例外,为的是讨个好事成双的"口彩";佐茶的瓜子、花生、糖果和糕点,或满装于四个瓷盘,谓之"四季发财",或装入有六格的春盒,谓之"六六大顺";吃罢茶点上甜羹,或莲子,或木耳,或红枣,或板栗;接着又吃长寿肉丝面,象征着一年甜到头,有福有寿,大吉大利。初一朝人们不劳作,吃喝玩乐成了主旋律,但所有的活动只局限于家庭之内,不串门,不走亲,不拜年,全家团聚在一起,尽叙天伦之趣事,尽享亲情之温馨。

初一朝旧有开祠堂门之俗,合族男丁叩拜列祖列宗之后,要领取一种碗口般大小、印有祠堂名号的丁饼。丁饼不仅仅是一种食品,更是族籍的重要标志;那些因不孝不悌或其他罪名而被革除的"不肖子孙"是没有资格踏进祠堂大门领取丁饼的。对于文人或读书人来说,该日还有一件头等大事,这就是研墨"开笔"书写"新年第一字":用红纸写上"新春开笔,魁星高照""新春发笔,万事大吉"等字样,恭恭敬敬地贴在书案旁边的墙壁上,企盼来日文思如泉涌、笔运似花开。

榆村人耻于乞讨,自古就有"饿死不讨饭"之说,但过年却有"讨利市"的旧俗。榆村街上有一些业余吹鼓手,初一朝往往不请自到,两人一班,立于商贾大户人家门首吹奏一番,以示贺年迎春;也有的扛着"摇钱树"(天竺枝上挂铜钱串)走街串巷,挨店挨家唱利市歌。对于这些"不速之客",东家不仅不恼不怒,反而多有红包赏赐,双方都落得个喜气洋洋的"开门红"。讨利市的还有另一番风情:村中或族中贫困无援的鳏寡孤独者,拎着一只布袋,立于人家门前,一言不发;东家见状,二话不说就会拿出几个年粿,或是几个角粽相送;一个村子跑下来,往往就有几个月的口粮。这种讨利市的民俗现象其实也是一种乞讨行为,只不过蒙上了一层"讨发"的迷信色彩:俗以为越讨家越发,越讨财越多,倘若大年初一连个讨利市的人也不上门,那么这个人家不是有丧事,就是贫病交加、穷困潦倒了。

新年第一天是个好日子,在"慎始""求吉"观念的支配下,旧俗中这一天的禁忌也最多。忌打碎物器,传统习俗认为打碎了东西,新的一年必有凶遇,一般是赶紧说一声"岁(碎)岁(碎)平安",或是"越打越发""旧的不去,新的不来",以求禳解;忌床前拜年,受拜人因卧床未起,拜年主"病灾"之兆;忌动刀、斧、剪等利器,以避凶祸、口舌等事发生;忌洒水扫地倒垃圾,水土为"财气",垃圾为"肥水",违者必"财气扫尽""肥水外流";忌死人,若真有不幸,则秘不发丧,强忍悲痛过了大年三日再举哀;丧服之家忌拜年,门楣之上贴一"制"字,蓝底门联往往写有"在制难为礼,新春不贺年""思亲难为礼,守孝不知春"等内容,以谢拜年贺年之客。除此之外,尚有忌买物、忌吃药、忌杀生、忌争吵、忌打骂孩子、忌讲不吉利的话语、忌出嫁的女儿回娘门、忌在别人家吃饭等,这些明显带有迷信、警觉、敬畏色彩的清规戒律,无疑都是很荒唐的。虽在意愿上有其"求祈好运,禳解灾祸"积极的一面,但随着时代的发展,这些陋俗大多已被废除,或者只剩下一个习惯性风俗活动的外壳而失去了原始的本义。

正月初二起开始走亲访友拜大年。榆村的拜年风俗讲究个先拜后拜,其间的顺序是不能弄错的,一般是先舅后岳再姑家,其他亲友往后排。"正月拜年,舅爷为大",这显然是远古时代母系社会之遗风。女婿到丈人家拜年,最迟不得过初三,否则被视为失礼。故乡谚云:"过了初二三,进门三扁担。"客人进门,摆上春盒、元宝蛋、盖碗茶(新亲要双杯),殷勤招待;中餐要设宴席请春酒,猜拳行令的,好不热闹。给长辈拜年要携带糖、烟、酒三包礼,至亲还得送"头脑"(12个鸡蛋、12个肉包);离开时长辈要回敬一包糖,是新婚的还要送四个配有柏枝的团粿,以祝早生贵子,有孩童的给个红纸包祝福长命百岁。拜年时间也有忌讳,比如下午不拜年,拜年不能超过十八朝等等。

榆村人称腊月初八至除夕为"忙年",正月初一至十八为"过年";过了十八朝,全程四十天的春节宣告结束。随着社会的进步,尽管每一种年俗都在岁月的更迭中经受取舍存留的考验,但春节的主题和精髓永远不会过时,这就是团圆和期盼!

繁文缛节的婚嫁旧俗

肖　林

　　都说"男大当婚，女大当嫁"，但在封建社会里，只有经过种种礼仪的婚姻，才是正规的、合法的，榆村地区亦然，最典型的就是婚俗中的"三书""六礼"。

　　"三书"指的是议婚、纳彩、迎娶时三次出示的红纸文书，是婚姻关系中的重要信物；"六礼"为礼单上的六个项目：议婚、纳聘、请期、纳彩、过书、迎娶，演绎其间的繁文缛节，足以让现代人瞠目结舌。

　　议婚　婚姻盖由父母主张，媒妁说合。初始是媒人"传庚"，即把写有男女双方生辰八字的庚帖相互传递，各自安放在供奉祖宗的香炉之下，如三日之内，合宅人口平安、禽畜无恙、瓷器无损，便认为是祖神认可，此婚可议；下一步是将双方的八字、名字交由星相家合算一下，看看是否有相克相冲之虞；其中尤其讲究生肖禁忌，正如一首歌谣所唱："自古白马不配牛，羊鼠相聚一世休，金鸡不与狗见面，青龙遇兔泪双流，猪猴碰头是冤家，虎蛇相配不到头。"如属相相克，庚帖退回对方，再好的姻缘也得了断；如合算过关，议婚继续。接下来便是男家调查女方的门风女德，女家查询男方的世系人品，谓之"探家"；双方过了"合婚"关，认为都满意，就可以择定吉日纳聘了。在此阶段，媒人最是关键，一切撮合事宜，有关风俗礼数，都有赖她（他）们穿针引线、往来奔波。可以这样说,媒人在议婚乃至整个婚娶过程中,所扮演的角色是举足轻重的,也是最活跃最有趣的。

纳聘 经过议婚阶段卜得吉兆后,男家备礼至女家决定婚约,这是定亲阶段的主要仪礼。定亲古时用雁,后来随着买卖婚姻的兴盛和发展,逐渐演变成带有定聘性质的定金和定礼,一般是戒指、首饰、钱币、丝绸、礼饼和礼烛等。定金无论数目大小,但必须是偶数,外用红纸包裹,插有柏枝;定礼物品也要双数,取"成双成对、富贵万年"之吉;而单数让人产生"孤单""丧偶"之联想,当然是很忌讳的。定亲以后,男方要带礼包逐家拜见女方至亲,谓之"男认亲"。认亲以后,男女双方就要改口,分别和对方一样称呼家人亲友。有趣的是,两亲家见了面竟跟着儿女一样呼爷叫妈的,真可谓是其亲浓浓,其乐融融。每逢三节(端午、中秋和春节)和两生(岳父母生日),准女婿都要登门送礼,礼品之中绝不能少的是鲤鱼,但忌送草鱼,需避咒骂"岳父母是吃草"之嫌。

请期 纳聘之后,双方算是缔结了婚姻。经过一段日子,男家就要提出迎娶的要求;虽说是两情相悦,婚事迟早也是要办的,但女家总会以种种借口予以回绝。这种回绝其实是一种俗尚:求亲的次数越多,说明女儿家主贵;如果一求即允,则显卑贱不值钱了。"好囡门枕高",只有让媒人多跑几趟罢了。一旦女家应允许嫁,喜期又是双方协商的重点,但有个大原则:男方主动,故有俗语说,"只有男方择日子讨媳妇,没得女方择日子嫁囡"。

纳彩 婚期定下来以后,男家即备红书礼盒去"送日子",同时正式将彩礼送至女家。有钱人家往往借此机会炫耀富贵,将彩礼装入箱笼,或挑或抬,吹吹打打,招摇过市。普通门户是向女家至亲长辈送礼篮,有多少长辈送多少只礼篮,每只篮折礼金若干;其中一只"忙娘篮"最重,其价值至少是一般礼篮的十倍以上;女家将所有的礼金都用来办嫁妆。另外,男家还要按议定的数目向女方"送酒水",每桌"酒水"也是折钱若干。如此算下来,即使是"省事"的女方,"送日子"的这笔费用也是不低的。故此,有些家境贫寒的女方只得不无调侃地说:"有钱人家嫁囡,无钱人家卖囡。"

过书 送过了婚期日子,双方都进入了筹备婚嫁大事的实质阶段。喜期前两日,男家要备礼送"红鸾庚帖"至女方,这种"红鸾庚帖"类似今天的结婚证,上面注明婚礼举行时间、议程以及其他一些相关事宜,迎娶之日要随同嫁妆一起送回男家;过书时的礼品有鱼、肉、茶、米等。有些名门望族还事先将男女双方的生辰八字请命家诹吉,必使无冲犯、无刑克之良辰,以全红柬上记新人沐浴宜何时,水泼何方,新人上轿何时,合卺何时,避忌何人,云云,实是烦琐、苛刻;但摒弃其间的迷信色彩,此举倒像是婚嫁之前的一次"彩排",两亲家通过交流,以期确保婚礼顺利进行。

新婚拜堂

迎娶 此礼为期三日,是"六礼"中最后,也是最隆重的一项。第一日"响头",男家把接新娘的花轿发往女家;女家立即把所有的嫁妆扎成抬子,穿街过巷,抬往男家,谓之"亮嫁妆"。搬嫁妆有个讲究,第一扛要搬紫(子)竹帐竿和子孙桶,因为帐竿是生育之神——床母的灵物,而子孙桶是备于产儿时使用,两者皆含繁衍子孙之喜兆,丝毫亵渎不得。亮嫁妆时令众人瞩目的还有"送嫁鞋",此鞋送于男方所有家庭成员,每人一双,而且必须是女方自己动手制作的,故"女红"精湛者会博得头彩。第二日为喜期,男家备礼去女方家迎娶。新娘开面、沐浴后,换上吉服,临行前母女及女眷放声痛哭,表示恋恋不舍之情;有的还唱着哭嫁歌,词儿现编的,才情并茂,很是感人。俗以为女儿出嫁时要哭,越哭娘家越发,不哭还不行呢。吉时一到,新娘头盖一块二尺见方的红绸,由兄（弟）背上花轿，随身必带有驱邪镇魔功能的铜镜、铜尺和皇历；花轿出门后要上行，取"人往高处走"之吉。花轿抬至男家，在爆竹声中，利市人扶着新娘下轿，来到喜堂前与新郎拜堂成亲；三跪九拜礼毕，要用两只麻袋前后轮流铺地，在赞礼人"一代接一代，千代传万代"的颂声中，新娘踏着麻袋缓缓走进洞房，因"袋"与"代"音同，故曰"传代"；进入洞房之后，由新郎掀开新娘头上的红盖头，至此，新郎才算见到新娘的面。当晚喜宴散席后要闹洞房。先是新郎新娘行合卺礼，喝交杯酒；用红线把两只锡酒杯拴在一起，新人碰头共饮之后，掷于床下，以卜和谐与否，若酒杯一仰一合，则是大吉，象征天覆地载，男俯女仰，阴阳和谐，婚姻美满。闹房的压轴戏是"撒帐"，新人男左女右坐于床前，利市人手抓五谷，边撒边唱，五方六合，都要撒遍；撒帐词大多是吉利、祝贺之词，且押韵诙谐，琅琅上口，如"撒帐撒四方，洞房喜洋洋，夫妻恩爱同到老，子子孙孙坐满堂。"有才华的利市人出口成章，面面俱到，始终让洞房内洋溢着吉祥和喜庆的气氛。第三日为"三朝"，新人双双到祠堂拜谒祖宗；在返回的路上，新娘还要"走马"：族人准备了两条长板凳，当街放定；一女客扮成马童，扶着盛装的新娘登上长凳，一步三摇地走完一凳，前边又接一凳……"走马"需要有平衡技巧，对于裹着一双小脚的新娘来说确实不易，再加上众目睽睽当街亮相，不免胆怯羞涩，大出洋相，引得众人哄堂大笑。新娘若按俗约规规矩矩，一般是走个过场见好就收；若不配合或扭捏作态，那就越发激起大家的"雅兴"，逼得新娘一再走下去，直到伈头求饶为止。此俗外地罕见，其意有二：一为当众"亮"新娘，以后见面族人多关照；二为"难"新娘，杀其性子以后做个好媳妇。当日中午，男家设席宴女客，新娘坐于首席。酒后，新娘由长亲陪伴，逐一向六亲敬茶施礼，谓之"女认亲"。

　　"回门"虽然不在"六礼"之中，但对女方家来说却是十分隆重的，因为新女婿和嫁出门的女儿第一次双双回门，故此要远接远送，大宴亲朋。不过，不管路近路远，新婚夫妇当日必须返回，蜜月里的婚房绝对是不能空床的。旧时"回门"一般是"三朝"后一日，近代人删繁就简，改在喜期当日：新娘被接到婆家举行婚礼以后，于午前赶到娘家"回门"；路远赶不及的，新郎事先等在中途，待接亲的队伍一到，当即换一套礼服，与新娘一起双双"回门"。此举虽然不合俗礼，但无疑是时代进步的象征。这一日，新女婿最大，坐首席。回门以后，新娘只能等到蜜月结束后才能"归守"。

榆村婚俗中最奇特的现象莫过于"新婚之夜不同房"。郑湾村下坑、文田、屋基、潘家坞等地的村民,祖上都是从安庆迁来的,散居于深山老林;旧时村民们以开荒种粮为生,砍树搭棚为屋,生存环境极差,但相互之间极重情谊,好客讲礼仪。男大当婚,新婚之夜的洞房只能留给新娘和远道送亲而来的伴娘合住,而新郎官只好屈居他处过夜,这本是当时居住条件所限而不得以为之的权宜。想不到的是,安庆裔后人竟将此事世代相袭,习以为俗,即使后来生活条件好了,也坚持这么做。"新婚之夜不同房"这种独特的婚俗,随着时代的进步已渐渐消失。但是,直到20世纪70年代还未绝迹,富溪村唐新伟娶文田村郑甘树之女时仍奉行此俗。

纵观榆村地区婚俗,大多带有古风遗韵,如"迎娶不用乐",正合《礼记·郊特牲》"婚礼不用乐,幽阴之义也"所云;有些现象则又与古俗大相径庭,如"新郎娶妇不亲迎",而古代只有"天子至尊无敌,无亲迎之礼",榆村民间竟有此俗,实是奇特。

生儿育女话乡风

肖 林

榆村的生育风俗淳朴而又悠久,其核心内容能以"贺""忌""寿"三字概之。由于古代医药卫生状况落后,人们对生儿育女多有担心,于是也就有了"贺"的礼仪、"忌"的陋俗和"寿"的求祝活动。

妇女在妊娠期间有许多胎孕禁忌。首先要做到"寝不侧,坐不边,立不跛,笑不喧;割不正不食,席不正不坐;目不视邪色,耳不听淫声,口不吐恶言",等等,实行古人所谓的"胎教",认为"如此则生子形容端正,才德过人"。其次,孕妇还禁忌进庙拜神礼佛,不得外出看戏、听曲,不许看死人入殓、出丧,不能参加他人婚礼,不可视工匠开窗、上梁,甚至连商号开张等热闹场面也要回避……此俗虽陋,但也有一定的客观现实意义:孕妇宜深居简出,心平气和;人多的地方难免撞挤不安全,情感上的大悲大喜也于胎气不利。在饮食方面的一些禁忌就显得有些牵强附会了,如吃了兔肉会生豁唇儿,吃螃蟹会难产,吃猪肝、鸡肝会产后无奶水,现在看来是毫无科学根据的。

催生礼是外婆家为新外孙准备的第一份贺仪,除了"鱼""糕"之外,主要是婴儿所用的被褥、衣裳、帽子和口水围等物品。被褥要喜旧厌新,用高寿老人的棉织旧裙袄改做的最受欢迎。衣裳中必须有两件贴身的"套帽衫",据说

159

是明代服装制式。当年清兵入关，强迫汉人剃发更衣冠，汉人为保命，平日不得不改服饰，但在出生和死亡之时则古装不改，谓之生不降清，死不降清。时至今日，此俗依旧。利市帽古色古香，有六褶帽、狗头帽、三元帽、刘海圈、荷花壳等多种样式；帽檐上或缀着"罗汉""八仙"等银质雕像，或嵌着"长命富贵"等字样的镜片，或镶着熠熠生辉的银泡子，可谓是五光十色。口水围上绣着花、鸟、虫、鱼等图案，均用金绵彩线精织而成……这份蕴含着浓厚祝福色彩的催生礼，必须由姆家在女儿临盆前送到婆家，不宜太早，也不能太迟。人家一见其姆送催生礼，就知其女快要生产了。婴儿出生后，第二日首先要到外婆家去"报生"，喜篮内装着染红的鸡蛋，外加一只装满水酒的锡壶。外婆一见锡壶，不用问即知婴儿性别：壶嘴儿朝前，生男；壶嘴儿朝后，生女。至亲好友处也需去"报团"，所散的红鸡蛋有多有少，视亲疏远近而定。按照一般习俗，多于4个时，受者则要准备礼物日后去吃"三朝"酒，故有民谚云："一双两双接接吃，三双四双要付璧。"

古牌坊前的祖孙

　　婴儿的诞生礼仪是人生的开端之礼，它的特点是时间长，中间环节多，做三朝、剃胎发、百日礼和抓周是其中几个最重要的礼仪。

　　"做三朝"又是善始之义，因此格外受到重视。排场之家要大摆宴席做"汤饼会"，一般农户也要摆下三朝酒招待前来贺喜的亲朋好友。这一日，外婆要用黄连水为新外孙洗漱口腔中的污垢，说是可以去胎毒；古时还有向人家乞讨"开口奶"之俗。"洗三"也是由外婆经手，把婴儿放在用茶叶、艾叶煎好的温水中，擦拭去身上的胎垢、血垢和便垢；洗好后穿上衣裳，要从长板凳下过一过，谓之"穿狗洞"；然后再抱至堂前，接受众人祝贺的"百岁"（插有柏枝的红包）。前来吃三朝酒的亲友都必须带上诸如鸡蛋、红糖、干菜、豆腐衣之类的物品，姆家至亲贺礼最重，其中火腿、母鸡是必不可少的，谓之"望产妇"。命名也是做三朝的一项重要内容。平常人家，不拘雅俗，"六斤""囡宝"什么的，呼之好听就行了。但书香门第、商贾大户则讲究颇多，要请算命先生排"八字"，如五行残缺，就要补之，如命中缺"木"，就取名带"木"字，缺"水"就要有"氵"旁。若犯"关煞"，女婴要改"八字"，否则以后难以许字与人，故有"十女八字九不真"之说；男婴犯"关煞"也要设法按照特定的办法加以镇住，不然不易养育成人；取了大号之外，还有取小名的惯例，诸如讨饭、丐食、和尚、狗剩儿等等，小名越贱越好养活。若婴儿娇贵或命硬克父母的，就要到榆村凤山古庙（也有的到歙县洪坑寺或富溪地藏佛）寄名于观音菩萨，谓之"寄门团"，取一个观保、观云之类的法名，以图神灵的佑护。

　　婴儿满月要剃胎发，这又是一件神圣的事。据说胎发沾染有母体的血污和秽气，必须在产妇满月出产房之前剃去，以免触犯神灵会带来厄运。婴儿若是男的，外婆家又有一番麻烦：剃胎发要请菩萨，而礼堂布置以及这天要用的五牲福礼等物什，都得从外婆家带来；届时，先请一位有福气的亲戚抱着婴儿坐在礼堂前，由事先接来的剃头师傅慢慢剃；胎发不能全部剃光，脑壳后须留下一绺"兽尾"，说是"留有兽头尾，出门不怕鬼"；剃下的胎发不能丢弃，须装入用丝线编织的锦袋之中，挂在床前保存起来。婴儿剃好胎发，穿戴齐整，要先拜菩萨，再拜祖宗，然后再拜长辈；长辈都要递上"百岁"，谓之"剃头礼"。这一日，当然又要摆开酒席庆贺一番。

　　满月之后、四十日之前，婴儿要第一次到外婆家玩上一天，谓之"接移窝"。

有的人家同时把女儿留下,住个十天半个月的,谓之"养产妇"。"移窝"归来,外婆在小外孙的鼻头上抹一点"锅煤焦",意思是希望婴儿像小狗、小猫那样活泼可爱;还要送两只半大的仔鸡,以图大吉大利。

民间认为孩子生下百日是个大关,因此这一日也要举行庆贺仪式,以示过关。百日礼又叫"百晬","晬"字的意思就是"子生一岁",百晬也就是百岁,所以从明代起,人们干脆称"百日礼"为"百岁",生下百日的婴孩也就被称为"百岁儿",图的就是这个口彩。这一日,亲朋好友又是携带礼品如约而至,礼物中最具祝福意义的要数外婆送的"长命锁"。长命锁其实是一种护身符,不管质地如何、价值大小,锁上无一不刻上"长命富贵""状元及第"等吉祥文字。最珍贵的是挂百家锁,意思是借百家之福将孩子的生命锁住。百家锁是用一百家的钱打制的,后来人们嫌集钱太麻烦,干脆用成倍的价值换取乞丐手中的钱,因为乞讨来的钱总是来自各家各户,符合百家锁的要求。俗以为长命锁是一种具有神力的刑具,只要上面刻上某一神祇的名字,孩子的生命便由神的刑具锁住,当然也就万无一失了。

榆村地区还流行着一种认干亲的习俗。为了祈求健康、长寿,一些人家为"百岁儿"认干老子、干姆,并喜欢定位在贫寒之家或多子多女的人,理由是贫寒人家的孩子不娇贵,儿女多的家庭人气旺;但有一条却是万万不能将就的:干亲忌姓王、姓史,因音与"亡""死"相同;而姓刘、姓程音同"留""成"被视为大吉,最符合认干亲的初衷。认了干亲之后,双方都要互相送礼,干老子、干姆所送的礼可重可轻,但"吃饭碗"是绝对不能少的。这"碗"可以是从金属特制,也可以是寺庙中买来的木碗,但忌讳瓷器,万一被打碎了,那就没饭吃了。认干亲能使孩子在成长的过程中得到更多关怀和温暖,此俗虽由迷信而来,却饱含着浓浓的人情味。

周岁以前的婴儿,是人的生命之中最脆弱的阶段,过了周岁这道坎,孩子就容易长大了。因此,在重视子嗣的程朱理学的故乡,婴儿到了一周岁,都有做周岁的庆典。是日,除了亲友送礼、饮酒庆贺之外,最重要的内容是"抓周",也叫"拈周试晬"。这是预卜孩子前途和职业的一种仪式,源于原始人对征兆的信仰。抓周前,要为孩子沐浴盛装,然后在堂前燃香秉烛,放置锦席,将糕点、文房四宝、书籍、玩具、秤尺刀剪等物品放置于锦席上,让孩子坐于其间,随意抓取。人们相信,小孩伸手抓取的第一件东西,就是他日后的志趣所在。比如,抓到毛笔,预示孩子将来爱读书写字,能金榜题名;抓到算盘,说明孩子日后能经商,会发家做生意;抓到生产工具,以后大概只能耕田种地了。其实,无论孩子抓到什么,在场观看的亲友都会借题发挥,说些助兴的吉利话语。以抓周来预测前程,显然是很荒谬的,不足为信;但作为一种征兆民俗现象的遗存,还是颇有研究价值的。其实,现代人即使有让孩子抓周的举动,也仅仅限于有趣而已,谁也不会相信孩子以后的贫富贱贵、廉贪智愚会在抓周的一刹那显示出来。这就是社会的进步。

纵观榆村地区整个诞生礼仪的每个环节,外婆的地位无疑是举足轻重、不可替代的,不仅劳神劳力,还要不断破费钱财,难怪古徽州人把女孩贬为"赔钱货"。这种生育风俗中的奇特现象,明显带有远古时代母系社会的遗痕,不仅榆村当地流行,而且在整个中国也很普遍;从某种意义上说,也正是这种无私的"外婆精神"繁衍和养育了强大的中华民族。

寿辰礼俗琐记

肖　林

寿

五福临门寿为先。寿，泛指寿命，榆村人也叫寿源。年事高的人称寿源长，是有福之人，尊称为"老寿星"。

《史记·封禅书》云："寿星，盖南极老人星也。见则天下理安，故祠之以祈福寿。"传说，寿星为司长寿之神，民间把他画成了一副老态龙钟之模样：头部长而隆起，满脸白须，手持龙头拐杖。故此，家中凡有老人在世，逢年过节时堂上总挂《寿星图》，表示祝愿。源于"乞寿于神"的远古观念，衍生了一系列有关寿的习俗。

首先是做寿。榆村人以五十岁为界，之前称"做生日"，之后方称"做寿"。孩子十岁生日叫"长尾巴"，要设宴相庆；青年人生日没有请客庆贺之例；"四十"不贺因忌"四"与"死"谐音；到了五十岁开始做寿，名曰"荣庆"；六十岁以上为"大庆"之寿，都要由儿女操办庆典、大宴亲朋，正如民谚所说："三十四十，无人问起""五十六十，打锣通知"。旧时还有"做九不做十""百岁不庆寿"之俗，因"十""百"都是"满"数，太满则溢则损，庆之不寿；逢十逢百的寿辰，只有提前一年庆贺才能"寿福双至"。寿庆之家，先要为"寿星"蒸制米粉或面粉"寿桃"（寿越高，桃越大），分送给亲族好友，同时告之为家中老人做寿的日期，此举谓之"散寿桃"。为老人做寿，唱主角的不是儿子而是女婿，一般所送的贺寿礼仪，有寿糕、寿面、寿屏、寿联、寿烛、寿酒及猪肉、鸡蛋、衣裳、鞋帽、鞭炮等物品，有的还要包礼金；而儿子媳妇只送寿鞋和衣裳，不送贺联和贺礼；亲友之间除了不送寿鞋、寿烛，其他礼品视关系亲疏而有轻重之分，但寿糕、寿面是绝对不能少的。贺寿之礼寿星不能全部收下，多少要退回一些，一般是寿糕、寿面回一半，谓之"有大有小""糕（高）来糕（高）去"；这样一算，所送的寿面、寿糕就不能少于四斤（块），不然回礼时就是单数，大忌。所有的寿礼必须在寿辰前一日送到，谓之"暖寿"；上寿之夜，寿礼要陈列于寿堂让人观赏，谓之"摆寿堂"。

庆寿要张灯结彩设寿堂，堂上正中要挂女婿献礼的寿屏和寿联，这与"娘舅为大"的婚联挂法截然不同。俗以为寿联是小辈祝拜长辈，堂上寿联越多，说明寿星福气越好，后代人丁越旺。另外，祝寿是以女婿（当然也包括女儿）为主，理当位居正中，其他寿联则以侄女婿、甥女婿、亲友的顺序依次悬挂。寿幛则分挂寿堂两侧。

寿辰前一天晚上要举行"上寿"仪式。寿堂内红烛高烧，喜气洋洋；先由长子夫妻奉觞上寿，寿星焚香礼拜天地、祖宗之后，端坐于上座，受众人叩拜。行礼也有讲究：家人按长幼秩序，先男后女，成双成对地跪拜上寿。辈分不同，拜礼也有区别：平辈只是一揖，寿星拱手回拜；子女及其他卑幼则为四跪八拜，寿星则不回礼。

寿辰正日，清晨鸣放鞭炮，亲朋好友登门贺拜生日。早上先吃鸡蛋、茶点，然后吃寿面。大户人家还有请全村、全族人吃寿面的，未到的还要送上门；普通人家也要给左邻右舍每家送去两碗，而且寿面必须用红茶盘托着，以示诚意，当然寿星也会受到众人的祝福。拜生日一般只限于贺客，安排在下午进行；届时，寿星回避，寿堂上虚设空座（双寿——夫妇举案齐眉者即设双座），贺客轮流向虚座行礼，儿孙侍立一旁答礼。当晚设寿宴，菜肴多多益善，取多福多寿之兆，寿星坐首席，接受众人一一敬酒。有的官宦人家或富户，还有请来戏班唱祝寿戏的，整日丝竹之声不绝于耳，煞是热闹喜庆。

还有人家为已故的父母、祖父母做生日的，称为做阴寿，有的甚至当作喜事来大操大办；一般小户也要焚烧几身纸扎的衣裳和箱笼，搞八碗菜，上香祭祀一番。

庆寿的实质，一为贺，贺其有寿；二为祈，祈之更寿。这种观念还体现在一些并非"大生日"（十年一次）的年龄段内，其表现形式就是实实在在的"祈寿"。据说，人生在世有许多"关节"，诸如二十三岁"罗成关"、三十六岁"本寿关"，要想长命百岁，只有进庙烧香拜菩萨，祈求神灵护佑才能顺利过关。老人到了六十六岁时有一个坎儿，俗谚云："年到六十六，阎罗王要吃肉。"怎么办呢？说难也不难，只要在生日的那天吃了女儿送来的猪肉就没事了；有的还把肉切成六十六小块，若能一口气吃完，不仅渡过难关，而且还能更加长寿。"七十三，八十四，阎罗王不请自家去"，这两个年龄段因孔子是七十三岁死、孟子为八十四岁亡而成为芸芸众生寿源之大忌。每到了这两个生日，老人若能吃到女儿亲手烧的活鲤鱼，那么在这道"关"前，就会像活鲤鱼那样一蹦就蹦过去了；万一弄不到活鲤鱼，也可以偷偷地吃下由女儿亲手煮的鸡蛋，只不过吃前先要在门枕上磕几下，以此象征神不知鬼不觉地过了关。这种用吃肉、吃鱼和吃蛋的办法来"祈寿"，无疑是很荒谬的，但在客观上却解了老人的馋，还了女儿的愿，在物质生活还很贫乏的年代，这种风俗还是很有人情味的。榆村还有句"做七不做八"的谚语，八十岁生日既不能像七十岁那样提前一年做，更不能在当年庆贺，只有等到下一年再补。这是因为下一年为八十一岁，又是道"大坎儿"，九九八十一为数字算尽之意，届时，如不礼神祈寿，便有人寿之劫，而寿庆时就有乞求神灵禳解凶厄之举，故此八十一岁做八十岁寿辰，更有可能添寿。

榆村地区旧时还有借寿的习俗。人的寿源长短都由上天神灵掌管，能活到多大的岁数早已内定,所以就有了"阎罗王要你半夜死,不会留人到五更"之说;但又以为神灵还是富有同情心的,只要以"孝"去感动它,它也是可以通融的。于是,寿数也就成了物事,相互之间可以借用。借寿,无疑是最大的"孝心":家中老人病危,无药可救,一般认为是寿命已尽。若不想让老人死去,做儿子或女儿的便斋戒沐浴,立告神灵,愿减自己寿命若干年,以延长老人的寿命。如老人果真转危为安,那就表示神祇已批准"借寿"了,赶紧送香烛、许愿,祷谢上天;若是无效,出借寿数之人要立即祷告于天,取消前愿,以免有所贻误,否则救人不成又折了自己的寿命,那就划不来了。这类充满迷信色彩的"借寿"方式现在已经绝迹,不过,作为一种民俗遗存,还是颇有研究价值的。另外,尚有"增寿""折寿"之说:为人行善心,做善事,称为"积阴德",可以增寿;反之,如作恶多端,危害乡邻则叫"损阴德",必定折寿。这些虽不属于寿诞之礼仪,但也属于寿的观念,彼此互有联系。

近代殡葬习俗

肖　林

徽州人有浓烈的祖先崇拜情结，认为人生有阴阳两界，人死为鬼，到了"那边"还与生前一样，知冷知暖、知亲知疏、知善知恶，且具有一种变化无常的神秘力量。这种观念导致人们不敢随便处理尸体，而是非常讲究殡葬礼仪，以表示对死者的尊崇和敬畏。俗话说，"生要生在苏州，死要死在徽州"。确实，徽州的殡葬习俗隆重而又极富人情味，"死在徽州"在某些人眼中竟是一种"时尚"、一种"福气"。作为徽州地区中心城市南郊的榆村，近代的殡葬习俗也是如此。

寿材·寿衣·寿坟

活人为自己准备"后事"，是徽俗的一大特色。一般人到了五六十岁，只要经济条件许可，就要自己为自己做寿材、寿衣和寿坟，故有"六十不办前程，死倒莫怪子孙"之说。

寿材用杉木制作（富贵人家也有用楠木的），材料的年轮越长越好。普通寿材为"十合"（由十块厚板合成），上等的称"八仙"，至少也要"十二合"；富贵之家也有"四合"的，称"三合棺材楠木底"，极其稀罕。做寿材是件喜事，与过生日一样，至亲好友要送礼贺寿；制作的日期也有讲究，要在有闰月的年份选一个好日子；开工、圆工摆酒，要给木匠双薪。寿材做好后，用桐油石灰将所有的缝隙填抹严实，再用漆油刷几遍，然后架空存放于祠堂或家中偏屋，不能轻易再动，且宜燥忌水，说是"雨打寿材板，子孙要讨饭"，即使是以后殡葬之日下雨，墓地上也要搭棚遮棺，丝毫不能马虎。

寿衣分为两类：一是贴身穿着的衣、裤、袜、靴、帽以及被褥等，其中无领无扣的衣裤类似明代服饰中的"襦"，必须是白色，原因是婴儿出世时贴身穿的衣裳是青色，以此表示为人在世要"来去青白"；二是入殓时外套的时装。寿衣的件数忌双，以免死亡的凶祸再次降临；上等人家讲个"上九下七"（九件衣，七条裤），平常为"上七下五"，最少也要有个"上五下三"。寿衣还忌用缎、毛、皮等料，因"缎"与"断"同音，用之有"断子"之虞。

西递祠堂里的"孝"字

而不用毛、皮则是怕死者来世会转生为兽类。其实，这种信仰方面的解释可能是出于"务实"的需要，是人们掩饰自己"吝财""吝物"而又唯恐担负"不孝"之名的借口。

做寿坟的核心内容是请地理先生寻觅"风水宝地"，故又名"做风水"。俗以为风水的好坏直接关系到后代的穷达寿夭、贫富凶吉，因此对墓地的要求特别严格：首先是要避风、向阳、干燥，缺一不可；其次是周围环境优美、和谐，如背倚常青之山，面对长流之水，两侧峰峦簇拥，绵绵不绝，能得之，家族主富，子孙主贵，是"龙脉宝地"。剔除"鬼福于人"的迷信色彩，单从美学角度着眼，一个人"百年"之后能葬身于斯，也真是死得其所了。选好吉地，有钱的人家就要结棺做生坟，他日归西落棺后即可封墓；不过，大多数还是以后现埋现葬。

送终·入殓·出殡

凡年过花甲而又死于家中者，被誉为"寿终正寝"，是有福之人。然而，究竟是否真有福气，还得看有无子孙送终。俗信死者若看不到自己想看的人，灵魂就不得安生。故此，老人弥留之际，所有的亲人都要来见上一面，缺席者当终生自责。逝者一旦驾鹤西去，满堂亲人立即匍匐号哭，称之"送终"；万一有子孙赶不及送终，最迟也要在入殓前奔丧至家，否则被视为"不孝"，以后不准进祠堂。亲人辞世后，要做的第一件事就是拆除蚊帐这个"罗网"，让亡灵顺利出屋；而后床头供上"接气饭"，床尾点燃"万年灯"，焚香烧"金银"（用锡箔折成的元宝），让亲人"上路"时带足盘缠；接着是摔老碗、撒枕芯，为亡者换内衣内裤、头枕青瓦、脸盖黄纸……做完这些送终事宜，紧跟着就是套寿衣：收尸人先把寿衣在长子身上一件一件套好，再从大到小依次让所有的子孙披一披，然后再为亡者套上，谓之"暖衣"，意思是让亡者最后感受一下亲人的温暖。寿衣套好后即开始"殓绵"：用丝绵将尸体从头到足裹得严严实实，再用鞋绳捆扎成鱼鳞状；裹尸的丝绵要留下几条"子孙绵"，装入红袋内放到子孙的枕头下，取"子孙绵延"之吉兆。至此，尸停于床，不能再动，静候吉时入殓。与此同时，要给亲友报死信。报丧人无论晴雨，都要腋下夹着一把伞，伞柄必须朝前；每到一家，先把伞尖头朝下放在门外，再对主人说："某某某过辈了"，忌讳说"死"字。古时还有"报丧不空口"之俗：报丧人进门一声不吭，待吃完主人端来的三个鸡子滚水（荷包蛋）之后，方说"某某某多谢了"，主人知道亡者是谁，立即打点祭品去奔丧。

前来吊丧的亲友要送"头香"，一般是香纸、锡箔、挽联、挽幔、挽幛等物品，近代也有送被面、花圈什么的，且都要另送银两或钱币。"头香"视其亲疏而有轻有重，但有一点是万万不能弄错的，若死者还有配偶健在，以捆、以刀论数的棒香和火纸只能是一、三、五等奇数，并另加看望生者的糕点一包，谓之"有生有死"；若一对老人都已谢世，则要送双数。所送"头香"照单全收，不能退回。长辈或年长者前来吊唁时，"孝男"要陪跪，"孝眷"要陪哭；随着一拨拨吊唁者登门，丧家哭声此起彼伏，不绝于耳。

入殓之前还要以香烛"接棺",将存放于他处的寿材（入殓以后称"棺材"）供在堂前上横头；棺材底部铺满陈年石灰,上垫白边红寿褥。吉时一到,两位收尸人用两条白腰带兜住尸身放入棺材,然后将白腰带抽出系在自己身上。此带为"子孙带",丧家必须用白纸包钱赎回,让长子长孙系于腰间。假如配偶健在,死者入殓后头部要低到看不见自己的足,否则要冲犯生者,此俗大概与夫妻两头睡的习俗有关。棺内陪葬品禁忌金银器皿,其他物品不限,但男者不能少笔墨纸砚和算盘,女者不能少尺剪针线和铜镜,若凑不齐,就在火纸上画个样子配齐。尸身周围用纸包石灰填实,一岁年纪一个石灰包,不能少也不能多。最后是剪开蒙在脸部的丝绵,谓之"开面",用"买"来的水净面,往嘴里放一枚"口含钱",盖上白边红绫被,就可以让亲属依次祭拜、瞻仰遗容了。盖棺的场面最为悲伤,面对生死离别、阴阳两重天,亲人们抚棺痛哭不已,以致棺盖久久合不上。钉殓时,孝子要先用秤砣轻轻敲三下,谓之"引钉",然后再由收尸人封钉。闭殓以后,立即竖立灵堂,子孙轮流值夜守灵。

出殡要选黄道吉日,一般是死后三天之内,也有停丧七天甚至更长时间的。出殡前,孝男孝女要分别做祭,而后披麻戴孝哭送"上人"出门。棺材由八位壮汉抬着,上面铺着一块大红布,缚住一只红毛大公鸡；棺前由黄篾火把开路,长孙扛着挂有"买路钱"（用纸剪的铜钱状）的"引路幡",走一段路,丢一张；而后是举着引魂幡的"金童""玉女"；孝子扶棺而行,谓之"扶大头"；棺后是手持香火的送殡队伍,边走边放爆竹。出殡有哀乐,普通人家是请一两个吹鼓手,大户人家不仅有乐队,还有念经的和尚和做祭的礼生,其仪仗更显赫。途中若有亲友做"拦路祭",棺木即停,孝男孝女全部跪倒哭泣,人缘好的丧家往往"拦路祭"一个接一个；就这样走走停停、祭祭拜拜、哭哭啼啼、吹吹打打,场面倒也是十分悲壮和热闹。棺木抬至村外,要转几个圈,意思是亡灵不舍得离开家乡和亲人,要最后看上几眼。女眷及一般送殡人到此即可回头,也有至亲好友一直送到墓地的。

安葬·供七·服丧

下葬前,先要在"金井"（墓坑）内燃烧一些芝麻秸秆、黄豆梗,谓之"烧发"；燃尽之后，要将火种装入火囱，由继承人护着带回家，路上不能停，也不能回头，谓之"回火"。此俗意为先人会福佑子孙发达、香火不绝。棺木放入"金井"之后要祭棺：先杀红毛公鸡，以血淋棺，同时鸣放爆竹，以祈驱邪解煞，而后摆上供品祭拜一番。封土前要由孝子先往棺材上倒三畚箕泥，谓之"引土"。此举如同钉殓时的"引钉"，都象征着丧事是自己一手操办，是一种远古丧葬习俗之遗存。安葬当日要设宴款待亲友和帮忙治丧的乡邻，俗称吃"老人饭"。吃老人饭又叫"吃福气"，常有孩童不请自到，有的吃好喝足后，还要偷偷带走一只碗，俗称用此碗吃饭，可以添福增寿。这种"雅偷"即使被主人发现，也不会见怪，更不会讨了回来。第二日上午，所有子孙、至亲及女眷都要到墓地上安坟，先往墓堆上插一些白、红、黄、绿四色三角"呼龙旗"，然后敲锣"呼龙"，烧纸"安山"，最后摆上"三牲"祭品三跪九拜。安坟之时忌哭泣，因为先人早已入土为安了。"供七"是祭祀先人的另一种方式。丧家在堂前置放灵屋、灵位，晨昏烧香，逢七必祭。"三七"为"回呼日"，要上坟烧"回呼"（用纸扎的衣饰及箱笼）。"五七"是"孝女祭"，每个已出嫁的女儿都要送"火衣箱带"，其中的"老南瓜"是绝对不可或缺的（传说五殿阎王最喜欢吃老南瓜，以此物行贿，可以让亡灵顺利过关）；这一日，女儿还要出资办酒席请姆家人及其他亲友，开席前先要祭祀亡灵。"满七"之日要"倒灵"，撤去灵堂、灵位，把灵屋抬至墓前焚烧。至此，丧事算是初步结束，以后还有"百日祭""周年祭"等仪式。"供七"是一种古俗，《临淮新语》上说："以生者之精神，召死者之魂爽，至七七四十九日不复，则不复矣。"可见逢七必祭原是求死者还阳之意。

服丧期间亲人要戴孝，按其与死者关系的亲疏有五等之分：首先，最重的孝是子与未嫁女为父母丧服、妻为夫丧服，用最粗的生麻制成，断处外露，不缉边，名曰"斩衰"，服期三年；其次是夫为妻、同胞兄弟，孙为祖父母，胞侄为叔伯父母丧服，用粗麻制成，剪断处缉边，名曰"齐衰"，服期一年；以下依次为"大功""小功""缌麻"，服期分别为九个月、五个月、三个月。到了近代，民间一般最重的是父母丧服：儿、孙、媳妇及未嫁女，鞋面蒙麻布，身穿麻衣，腰系麻绳，男的头戴麻布帽，女的头上戴一块麻布片和两三个麻布结；已嫁女及女婿、叔伯兄弟等同系亲属则穿白鞋、白衣，戴白帽，女的仅在鞋面前端蒙一块红布以示区别；其他亲属只在鞋面上蒙一块白布，头戴三角搭缝的白帽；服期也不那么讲究,有一年半载的,也有"三朝脱白七日脱麻"的。由此可见,越是血缘关系亲近的,丧服的质料就越粗劣,制作就越简陋,服期也就最长,这说明丧服是一种以"自惩"方式向死者尽孝心的象征。服丧期间,尚有许多禁忌,诸如不娱乐、不集会、不远游、不拜年、不串门、不理发、不剃须,等等,以此表示余哀未尽;旧时还有服丧不入公门的习俗,如,父或母谢世,做官的儿子要主动"去官",回家守制 3 年;服期满了脱了重孝方可就官,否则就会以"不孝""不义"等罪名遭到同僚的弹劾和众人的讥议。

求雨旧俗杂忆

肖　林

　　求雨的风俗源远流长。数千年前就有"成汤祷桑林，以身牺牲"的求雨故事，《诗经》上也有"旱魃为虐"之说，《公羊传》又有"人云者何？旱祭也"的记载。可见"求雨"在迷信的领域里占有很高的地位。

　　榆村地区位于古徽州腹地，阡陌纵横，自古就是天然粮仓。然而，由于旧时这里没有什么水利设施，农田极易受旱，当地人称之为"望天收"。每年梅雨结束，随之而来的就是伏旱，这种高温、干燥的气候一般要持续一个多月，个别年份甚至伏旱、秋旱相连，严重的旱灾带给农民的是一年的绝望和无奈。人难胜天，只有寄希望于神灵。于是，"求雨"便成为大旱之年的盛事。

　　榆村地区的求雨方式可分为"恳求""贿赂"和"强迫"三种。"恳求"的仪式是极其虔诚的，农民吃斋三日，沐浴净身后到其信奉的菩萨面前乞情，请求几日之内普降甘霖，以保五谷丰登；甚至延请僧道设坛做斋、打醮许愿、焚符念咒。如过期而雨不至，他们就改用"贿赂"之法，此法有两种：一种是以香烛、冥钱、银锭、演戏来酬神，要求神灵施展法力，救黎民于危难之中；另一种是用修桥、补路、建风雨亭及祭祀孤魂野鬼等赎罪的方式，以讨好天地之神。如果以上种种举止都得不到回报的话，那么"忍无可忍"的农民只好行使"强迫"手段,企图逼神就范:择一凶日午时,到大圣亭将"麻木不仁""无所作为"的专司农业风雨、保护丰收之神"大圣"的塑像抬至荒郊野外暴晒,让它也尝尝烈日灼烤的滋味,名为"晒大圣";更有"过激"者,手持"竹桠索",采用三步一打的办法,将"大圣"神像倒拖至干涸的河滩上用刑。三种方式用尽,老天若是还不"开眼",这一年农民肯定是颗粒无收了。庆幸的是,榆村的生态环境非常优秀,素有"大旱不过七月半"之说,一般年份在求雨仪式举行之时或之后不久,多少都会自然降水,人们便以为这是情动天地、神灵相助的结果。

求雨的仪节有个人和团体之分。每当旱情初现,榆村的农人便会先后到黄坑寺、关帝庙、大圣亭等处焚香礼神,祈求"老爷"显灵以普度众生;团体求雨之时,旱情已是十分严重,榆村、富溪、桃梅、藏溪、太塘等村都纷纷自发组织民众,大张旗鼓地到一些灵山圣地、大潭深泽去祭祀,以期惊动群龙行云布雨。

栽插秧苗

外出求雨的队伍少则几百,多则上千,且有威严的仪仗:两人抬的大铜锣在前面开道,两面高擎着大幡打头,随后是一座由枯死的禾苗扎制成轿子状的"司雨亭",两侧有八位手持钢叉、身背葫芦的力士护卫,紧跟着的便是旗幡方阵和手执香火的大队人马,不时有土铳朝天鸣放以壮行色……求雨者一律头戴枯禾圈帽,脚穿草鞋,他们先抬着司雨亭在村头周游一圈,然后启程,赴道教圣地齐云山求雨。归来后,把司雨亭抬至水口外的旷野处,将盛装着"仙水"的葫芦供奉在祭坛上,众人祭拜一番,整个求雨仪式就宣告结束了。

求雨队伍的出动,真可谓是轰轰烈烈、惊天动地,有一套严格的程序和忌讳,无论何人,只要触犯其一,求雨者就可进行惩罚。如,凡求雨地区的人家,一律吃斋、禁屠;求雨队伍途经县衙,县官必须着草鞋、设香案,立于路边与黎民百姓一同祭天;穿村过街,行人、车马立刻避让,不得挡道;遇到求雨者,路人不得打伞戴笠遮阳,否则必毁之……1945年夏秋间,大旱40余日。一天,榆村地区的求雨大军从齐云山雨君洞求得仙水归来,路过黎阳街时,正值烈日高悬、暑气正盛,迎面走来打着洋伞、身着戎装佩中校衔的军官和珠光宝气的太太。求雨者走近前来,随着一阵吆喝声,突然横出两把钢叉,把中校和太太的两把洋伞戳了个稀巴烂。路过屯溪警备司令部时,求雨大军喝令司令出来接水;司令丢不下架子,让秘书出面代替,结果被轰了回去;众人情绪激动,吼声震天,扬言要砸烂警备司令部的牌子;众怒难犯,这个平日威风八面的"司令大人"最后只能乖乖地就范:赤脚穿草鞋,光着脑袋壳,手捧香炉出来接水,其状毕恭毕敬,十分滑稽可笑。

农人天旱求雨,并不完全出于迷信,他们是想借这个机会,向一些平日压在他们头上的恶势力示威、泄愤。榆村地区还有个惯例:凡"晒了大圣"或举行大型求雨仪式的年份,地主必须酌情减免农民的田租。也许,这些就是古老的求雨风俗得以世代沿袭的主要原因。

民宅建筑风俗谈

肖　林

　　徽州历史悠久,民间建筑相当完善,并逐渐形成自己的特点。榆村作为古徽重镇,徽风徽韵浓郁,现就民宅建筑中一些传统旧俗简介如下:

　　禁忌　选择宅基地讲究"风水",朝向的左边为"青龙",右边为"白虎"。若几幢宅基地一字排开,右首宅基地必须后退一尺,否则犯了"白虎"之忌,于人于家皆不吉利,故农村中常常为宅基地的选择而闹出纠纷,甚至大打出手,世代为仇。大门忌对烟囱,若房主别无宅基地选择,只好在大门门楣上挂一面镜子和一把剪刀,谓之"解煞"。门前有路可走本是正理,但忌讳路的走向对准大门;若确实

高墙深宅古民居

避不开，即在右墙角嵌一刻有"泰山石敢当"字样的长方形石碑以镇之。

上梁 徽州民居建筑，都是先立屋架（俗称"排列"）后盖瓦封墙的。屋架中有一根正梁，被视为"屋神"，丝毫亵渎不得，故此，排列有一个隆重的上梁仪式。披红挂彩的正梁由木马承托，稳稳地架在正堂；东家备供品、燃香烛，吉时一到，即行跪拜大礼，谓之"祭梁"；接着是木匠"赞梁"："金斧一动天地开，鲁班先师下凡来；东家择个好日子，要做万年大屋宇。百样材料都备足，单缺一支大正梁；鲁班先师不辞苦，寻梁寻到昆仑山。"接着叙述鲁班怎样发现一棵"五爪蟠龙树"，怎样施展神功技巧，克服种种困难，砍伐之运回大梁。在夸赞了一正梁之后，木匠用斧头轻轻敲梁，继续赞道："金斧响到东，文武在朝中；金斧响到西，福寿与天齐。"赞梁匠人一般口才很好，声音洪亮，表演时感情丰富，语调昂扬顿挫，富有韵律和节奏；他每唱一句，四旁围观的人都不约而同地齐唱一声"好哇"，场面十分热烈。赞梁结束后，匠人用斧砍公鸡颈脖，沥血祭梁，在震耳欲聋的鞭炮声中，用两根红绳拴着的正梁徐徐升高，直至到位上正，整个仪式方才结束。排列之日，东家要设酒席，大宴亲朋；木、砖、石三匠师傅要坐上席，而且都可以拿到双薪。如梁上梁当日天降雨，主人会喜上加喜，因俗称"屋宇要雨"，新屋竖起之日就能"檐口出水"，是吉祥的预兆。

重檐 民居都有重檐，这种习俗由来已久。传说当年宋太祖到徽州时在一家山民的屋檐下避雨，因屋檐短小，宋太祖被淋得浑身透湿，后来山民发现了，连忙跪下请罪。太祖问他屋檐为什么造得这样短小，山民回答说是从祖上沿袭下来的，一向如此。太祖说：祖上的旧制虽说不可更改，但你们可以在屋檐下面再修一个屋檐，以利行人避雨。山民连声"遵旨"，当即请人在门、窗上端修了一道屋檐。因为皇帝是"金口玉言"，自此以后，一家修檐，百家效仿，渐渐地使徽州所有的民居都修上了上下两层的屋檐了。

门向 房屋建筑以坐北朝南为宜，从地理位置来看，这样的房子一般都是冬暖夏凉。但是，榆村有许多古民居的门向却是朝北的。原来，古代徽州人的居住习惯有许多禁忌，以房屋朝向来说，自汉代就流行着"商家门不宜南向，征家门不宜北向"的说法。徽商一旦在外发财，就回乡买田造屋。按"五行"的说法，"商属金，南方属火，而火克金"，故商人为图吉利，大门自然不向南开。再加上徽州是程朱理学的故乡，封建礼教盛行，对维系种种古老的风俗起了很大的作用;尽管门向朝北给生活带来不便,却始终不愿越雷池半步,有的人家只在大门前边砌一道影壁,说是既挡北风,又能"驱邪"。

天井 除少数"暗三闩"外,绝大多数的榆村民居都设有天井。三间屋天井设在厅前,四合屋天井设在上下厅之中。这种设计使得屋内光线充足,空气流通,但有冬天冷、雨天潮等缺点。据传天井的设计,跟徽商也有极大的关系。经商之人总怕财源外流,于是造天井,使屋宇上的雨水不致流向屋外,顺着水笕而纳入天井之中的明堂,名曰"四水到堂",图个财不外流的吉利。其实天井的设计明显带有上古穴居的遗风。

楼上厅 建于明代的民居,大多楼上厅堂比楼下的更为宏丽宽敞,更适合人们居住。三国时这里的土族"山越"人多来自古时的江西、浙江、福建、广东和安南等地,习惯居住阁楼。他们的子孙迁来徽州后,仍然保留着传统的居住俚俗。另外,徽州地区雨量充沛、气候湿润,为了防止山区的瘴疠之气,当时的人们都把楼上作为日常的主要栖息之处。故楼上厅室特别轩敞,不仅有卧房、厅堂、厢房,还在靠天井的四方设有"美人靠"。

高墙深宅 榆村旧时有许多高墙深宅,如"百家楼""七房坦""青石""方家厅"等,四周均用高墙围起,谓之"封火墙",远远望去像是古城堡;"封火墙"粉壁黛瓦,因造型酷似高昂的马头,故又谓之"马头墙",是徽派建筑的重要特征。房屋除大门外,只开少数小窗,采光、通风主要靠天井。这种宅居往往很深,屋中套屋:进门为前庭,有天井,后设厅堂,一般不住人,是族人议事的场所;厅堂后用中门隔开,设一堂二卧室,堂室后又是一道封火墙,靠墙设天井,两旁建厢房,这是第一进。第二进的结构为一脊分两堂,前后两天井,中有隔扇,有卧室四间、堂室两个;第三进、第四进或者往后的更多进,结构都是如此。在这种深宅里居住的都是一个家族,随着子孙的繁衍,房子也就一进一进地套建起来。一般是一个支系住一进,门一闭,各家各户独立过日子;门一开,一个大门出入,一个祖宗牌下祭先人。这种建筑、居住风俗在国内是很罕见的,生动地体现了徽州人聚族而住的风俗,正像史书上所写的那样,"千年之冢不动一抔,千丁之族未尝散居"。

"三雕"饰屋 由于封建社会营造法的限制,使富而不贵的徽商在住宅建筑上不能同官邸王府相比,于是就另辟蹊径,着意配置精美的砖、木、石三雕。

砖雕主要装饰在门楼、门罩、八字墙、马头墙及庭园漏花明窗等处;石雕多用于装饰柱础及天井庭园中的石桌、盆景摆设、阶磴、栏板和大门前的抱鼓石等处;木雕在住宅木构件中比比皆是,在不改变和影响构件实用性的原则下,均巧琢细镂。"三雕"的内容丰富多彩,举凡山水云霞、奇花异木、飞禽走兽、楼台亭榭、人物博古等无所不收,且构图精美、雕刻细腻,给徽州民居建筑增添无穷的艺术魅力。

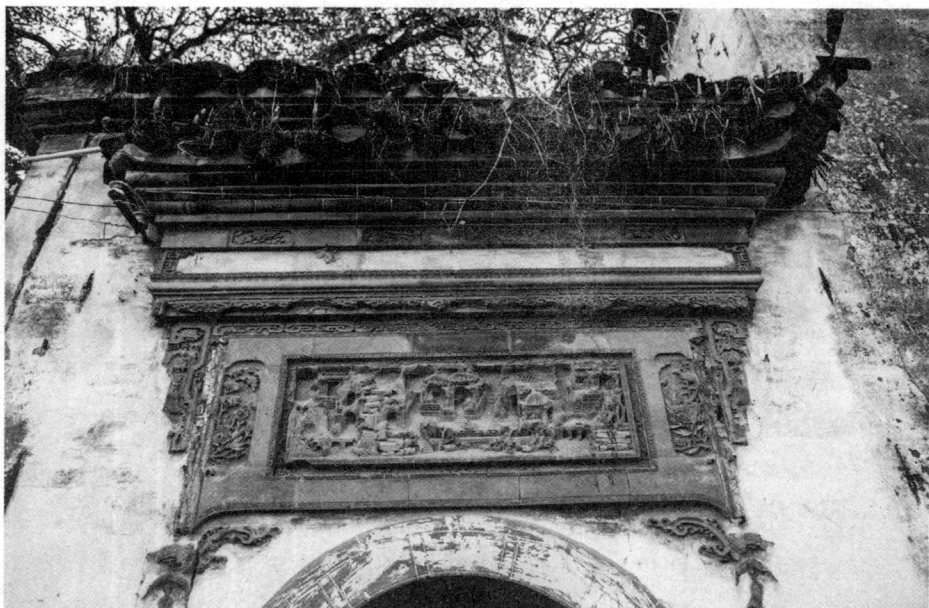

精美的徽派门楼

敬重工匠 榆村人造房,图的是千年吉祥、合宅安康,所以对工匠极为尊重。因为砖匠、木匠和石匠的祖师爷在民间都被视为神灵,丝毫亵渎不得。开工、圆工榆村人要开双薪,举办宴席,平日也是三餐酒饭款待,下午还要献上"点心";更重要的是,工匠的话犹如"圣旨",东家无不洗耳恭听、照章办事。这种"敬匠如敬神"的观念来自远古时期的信仰民俗,东家生怕工匠在造房时暗施巫术而给全家带来不利。

商家与财神

肖　林

　　榆村廊亭街的商家贾而好儒,在道德规范方面品位甚高:将顾客视为衣食父母,"以诚为本,以义取利,守信然诺,童叟无欺"是其赢利的秘诀;将财神奉为镇店之灵,设有神龛,晨昏祭祀,祈求的是生意红火、财源不竭。在商家的心目中,"人"与"神"的位置同等重要。

　　正月初五接财神,历来是商家春节之后的头等大事。接财神不仅心要虔诚,而且接得越早越有彩头;把财神恭恭敬敬地接进家后,便开张正式营业;大门上方贴"开门大吉",店堂贴"黄金万两",秤上贴"开秤大吉",连斗上柜上账本上也贴有"日进斗金"等字样的红纸条,以示吉利。家家店堂设有财神祭坛,每日早晚焚香礼拜,农历每月初六、十六、二十六要煮一大块猪肉祭祀,谓之"烧六日"。俗以为人们一年的财运都是由财神主宰的,故此,在商言利的店家,对敬奉财神爷一事格外用心。

　　财神只是一个统称,传说榆村民间的财神共有四位:正财神、偏财神、文财神、武财神。正财神叫赵公明,俗称赵公元帅,他面如锅底,手执钢鞭,身骑黑虎,其状极为威武;他的左右各有一位大将,据说是陈九公和姚少司,被尊称为"招财利是"。偏财神又叫"五显财神",原是劫富济贫的大盗,被杀后阴魂不散、本性不改,常常显灵;因其姓伍,且兄弟五个,故又名"五路财神"。文财神名叫财帛星君,脸白发长,举止潇洒,手上捧着一个宝盒,上有"招财进宝"四个大字,他的绘像常与"福""禄""寿"三星以及"喜"神列在一起,并称为"福、禄、寿、财、喜"。武财神即是关圣帝君关云长。一般所谓接财神,是四个全接,还是只接其中几个? 恐怕谁也弄不清楚。但正财神似乎更有人缘,不仅商家必供,而且民间普通百姓也十分崇拜;"招财进宝"的文财神则被赌业老板及好赌之徒视为"神明";而最受穷人欢迎的是富有侠义色彩的"五路财神",传闻穷者求财很是灵验,为富不仁者却屡屡破财……

既然财神爷如此重要,家家户户当然都得顶礼膜拜,由此倒衍生出一类专卖财神像的生意人。有意思的是,买卖双方都忌讳说"买"道"卖",要讲"送""请"。旧时,正月头几日,榆村街头巷尾总游走着一些上门兜售财神像的人,他们站在店家门口高声喊道:"老板,给你送财神来了!"一般店主赶紧笑脸相迎,恭谦地说:"好,好,我们家请一位!"若不想买,也不能直说"不要",只能委婉地表示"已经请过了",更不能撵赶送财神的人;否则,亵渎了神灵,财神爷一发怒,真的不来了,这个店家就要破财了! 商家的一些日常禁忌习俗,也与财神息息相关:店堂内扫地,应该从店门口往里扫,谓之财气不外流;店铺的门枕是财神的灵物,忌讳人坐其上,更不得踏踩、玷污;算盘无疑是财神御用的圣洁之具,故忌讳无端拨弄算珠,或将算盘倒扣于钱柜之上,更容不得将算盘垫坐于胯下;此外,还忌讳有人冲着店门小便,禁忌有人在店门口打呵欠、伸懒腰,以为上例举止都是对财神的不恭不敬,若有发生又不及时禳解,必定会让商家破财。

商家尊崇的财神其实真的有两个,除了那个虚无的"财神菩萨"外,另一个就是现实中的"顾客上帝",表现在经营策略上便是"信誉至上,和气生财",经商赢利与否维系于有无"仁爱之心,宽厚之德",商家只有以诚相待,顾客才和你打交道,否则对你敬而远之。因此,人本思想历来为商家所看重,这在一些禁忌习俗上也能感觉到,诸如邵万资堂药店、同福号棺材店都曾有严苛店规,生意做成之后绝不许说"再来坐""欢迎再来"之类的礼貌用语,不然会被客人误解为是咒自己"再生病""再死人";还有,开棺材店的商家还忌讳与顾客讨价还价,原因是不与丧家争利发死人财……这些极富人情味的禁忌,无疑都是商家强调人性亲和力、开掘财源的明智之举,是对消费者这个最实惠的"财神"最大的敬重。

方言记趣

俞　群

　　榆村（含富溪）是屯溪南郊珮琅河流域最大的村庄，位于休宁、屯溪、歙县三县（区）交界处，"五方杂居"所形成的方言独具特色；因距黄山市首府——屯溪只有 7 公里，虽说行政上隶属于休宁县，但榆村话实属屯溪方言（或者说属休宁方言临溪片）的范畴。

　　有朋自远方来，对榆村方言尤感兴趣，乐得牙牙学语；学得最快的当然是"阿卜唏嘀"（我不知道），因为这是英语 A、B、C、D 的谐音。然而，榆村话并不都是这样好学的。"清明头一日，土匪到屯溪；屯溪烧得苦，祸首朱老五"，这首民谣讲的是 1929 年的事。当地人遇到坏人、坏事或是碰上不如意的事时，往往会脱口而出："碰着老五！"南京博物馆丁大姐是位绝顶聪明的民俗学家，她认为这首民谣不仅通俗易懂，而且富有很深的内涵，于是就跟着笔者用方言念，学了半天还是讲不好，最后她不无调侃地笑着说："碰着老五了，还是阿卜唏嘀！"

　　榆村话确实难听、难懂，更难讲。有关报刊曾载文把徽州方言说成是"外国话""鸟语"。其实，榆村话还是有其规律的，也是十分有趣的。

　　榆村自古文风昌盛，故此方言中保留着大量的古音古义。比如，先生称为"先"，程先生呼为"程先"，李先生呼为"李先"，这绝不是像现在所流行的那种把黄局长呼为"黄局"、刘科长呼为"刘科"的时髦词语,而是自古沿袭传承下来的;《汉书》载有"夫叔孙先非不忠也",颜师古为此注释:"先犹如今先生也。"榆村人把洗脸叫作"洗面",这也是有来历的:古汉语中"面"的本义就是指现在的"脸",而"脸"的古义指的是妇女目下颊上涂胭脂的部位,后来才转化成与"面"同义的。"抓痒"叫作"爬痒","粽子"称为"角粽",也是有案可稽的:宋代著名文学家黄庭坚就有"诗句唾成珠,笑嘲惬爬痒"之句;唐代诗人姚合也曾在诗中写道:"渚闹渔歌响,风和角粽香。"此外,斫柴(砍柴)、芦稷(高粱)、抯(拿)、晏(迟)、帝(给)、嬉(玩)等许多方言都能从《集韵》《广韵》《尔雅》等古籍中找到出处,可见土语不仅不土,而且古韵悠然;即使是出口腔,也是文绉绉的颇似文言文,且听两位老农对话:"天光(早饭)吃了不曾(没有)?""老早就吃了着。哎,你人么伩(你们那里)高(今)年收成何如(怎么样)?""讲句老实话,强于旧(去)年哈拉拉(许多多)。"榆村人把"新娘"叫作"新迎",此词大概出自《国策·卫策》中"卫人迎新妇"一句,将"迎新"一句反过来用之而成了"新迎";有趣的是当地人还把小孩出麻疹说成"做新迎",这是因为出麻疹需要隔离,按照乡俗,家中有小孩出麻疹需在门口挂一红布条,谢绝他人探视,似同新娘怕羞不敢见人一样,所以也借该词一用。榆村人还把"上午"、"下午"叫作"上昼、下昼","穿衣服"呼为"着衣裳","出早工"称为"打早朝","顽童淘气"谓之"失相","祖父"呼为"老朝","兄弟"分别叫"大郎""弟郎","妹妹"、"女婿"雅称为"令妹""令婿","楼上"、"楼下"称之"阁上、阁下","晚上吃点心"说是"就夜宵",即使是农家的玉米面糊糊也大大方方叫作"苞萝羹"……这些古雅的方言词语,成为榆村话中的精华部分。

徽州人因文化发达、商业繁荣而创造了辉煌的古代文明,这种文明体现在榆村方言上,就是以物寓意,形象生动,既含蓄委婉又带有很高的文化品位。试举一组针对人物、略带贬义的称谓:不是省油灯(不省事)、皮灯笼(脸皮厚)、死肉血(弱怯)、老童生(没出息)、轻骨头(轻浮、傲气)、鞭螺(讨打)、烂污客(不正经)、打浪荡(不务正业)、大水柴(混日子,混到哪里算哪里)、腌鲜鱼(嘴臭)、抢冷饭(未婚先孕)、荠菜花先开(大人谈天,孩童不礼貌地抢着讲话)……尚有套用文学名著中的人物而有所指的:有勇无谋者呼之"周仓",做事莽撞者称之"莽张飞",奸猾之人贬之"白面曹操",有逆反言行者斥之"魏延"，挑拨惹事的女子骂之"貂蝉"，胆小怕事者戏之"鲁肃"，吃相不好者呼之"武松打虎"……任何方言都有自己独特的句式，比如倒装句：榆村人把热闹说成"闹热"，事物说"物事"，公鸡呼为"鸡公"，母鸡呼为"鸡母"；请医生给自己看病却说成"诊先（医）生"；把东西放到太阳底下晒说成"晒日头"；此外，还有"打扫卫生""躲荫"等语言现象，看似无理，但在有"散点透视"思维的榆村人眼中，一点儿也不显得别扭，也许这就叫约定俗成吧。又如"这菜炒得真香，我一听见，嘴馋口水就流下来着。"耳可听，鼻可闻，榆村人难道把这个关系也搞错了？最典型的要数特殊句式：表示动作重复，普通话通常以副词"再"来表示，如"你再讲一遍"，榆村话却以动词"添"来表示，而且还挪到句末充当补语："你讲一遍添"，甚至还出现"再""添"并用的句式：一次，笔者出差蚌埠，在一家酒楼喝啤酒，一瓶将尽时，忙呼："小姐，再来一瓶添！""一瓶天？"服务员瞪大着眼睛望着我感到莫名其妙，笔者始知是方言直译闹出了笑话。另外，榆村话还有一个有趣的现象，口语中极少用副词"很"字，很甜说成"生甜"，很苦说成"十苦"，若需加大程度，就叫"生生甜""十十苦"，类似的词语还有"生生痛""生生咸""十十酸""十十辣""十十臭"等。

榆村廊亭街

　　如同我们在甲骨文上发现人类最初使用的象形文字一样，榆村不少方言中还保留了一部分极富修辞色彩的象形词。如"油条"称为"丝瓜铺"，这是因为：当地人把留着做种子的老丝瓜摘下，剥其皮，除其子，所剩的是一条由植物纤维自然编织成的海绵状的丝瓜芯，用它洗涤锅碗瓢筷，去油污性能特强，人们把此物称作"丝瓜布"；"油条"的形状同它十分相似，又是从铺子里买来的，所以就叫"丝瓜铺"了。此外，"麻花"称为"棉线"、"门背后"称为"门后腋"、"鹅卵石"称为"葫芦扁"、"砚台"称为"墨瓦"、"黄鳝"称为"蛇鱼"、"翅膀"称为"竹翼"、"蝴蝶"称为"布翼"、"蝙蝠"称为"老巴（老鼠）布翼"……不胜枚举。值得一提的还有，榆村人把"开水"叫作"滚水"，寓水开时翻滚之意，十分形象和贴切。不过，由此派生的一些词组却有些词不达意，如"煮荷包蛋"称"打鸡子滚水"，饭菜"热不热"称饭菜"滚不滚"等。"滚水"的"滚"与"滚蛋"的"滚"在榆村话中都读"guai"，若读"gun"可就要闹笑话了：某农家来了个外地客人，按徽俗先打三个鸡子滚水当点心；客人说烫，凉一会儿再吃；客套话一多，这点心真的有些凉了，主人为了表示热情，用普通话提醒道："还滚不滚？"您说这客人听了有多尴尬。

　　口语功能非常发达的榆村方言，因世代口口相传，许多词语都陷入了只知其音，不知其字、不知其义或词不达意，甚至令人莫名其妙的窘境。如奇数（少见）、跌古（丢人）、人世上（出洋相）、发猪三（神经病）、阴毒（装聋作哑）、哈八（不好）、著人着（不顾人）、不推扳（不差）、羊角（豇豆）等；托人办事或事成之后的礼貌用语不用"谢谢"之类词语，却说"得罪了"，人家帮你办事，何罪之有？正如古代哲学家荀子所说："名无固宜，约之以命，约定俗成谓之宜。"本来不通的词，经过流传，得到社会的公认，也就没有多少人去追究它的对与错了。

　　徽州地处吴头楚尾，故此榆村话与吴语有许多相同或相似的词语，如盘缠、孤拐、老成、鏖糟（不舒心）、话柄、作兴、打秋丰、帮衬、温暾水、鹿苏（茄子）、蚊虫、适意、落雨、星宿（有本事的人）、叔伯姆（妯娌）……由于两地方言有些词语相互通用，在流传的过程中难免产生口误以致闹出笑话。比如，榆村人把继父、继母称为"马老子""马姆"，这个"马"字实在令人匪夷所思。这是为什么呢？原来，吴语称继父为"蛮爷"、"继母"为"蛮娘"，榆村人将其引进时做了必要的改造：将"爷"改为"老子"，将"娘"改为"姆"，但却忽视了最重要的一点,没有将"蛮"字准确地翻译过来,只是因榆村话"马"与吴语的"蛮"语音接近,就简单地以"马"代"蛮"了,应该称"蛮老子",却误成了"马老子";应该叫"蛮姆",却变成了"马姆"。

榆村方言还有个奇特的现象,当地人之间交流有的不讲当地话。在郑湾村酒店、文田、屋基、潘家坞等地的村民,祖上都是从安庆迁来的棚户,都始终保留着家乡的方言,据说这是祖宗留下的规矩,打死谁也不敢忘记。于是现在的这些安庆裔后人,哪怕是 3 岁孩童,往往都会三种语言:与榆村人相遇,讲榆村话;与城里人交流,讲普通话;安庆人之间当然更要讲家乡话了;如果家中出了大学生,还会讲外语呢!

北宋政治家、文学家王安石写过一首题为《寄沈鄱阳》的七律诗,其颈联说"山路崎岖良多阻,民俗谣言苦未通",感叹徽州山路艰险,行走艰难,民俗奇特,方言难懂。是的,由于交通不便,造成了古徽州"十里不同风,百里不同俗"和"隔山隔乡音"的民俗现象。其实,正是大山的重重阻隔,榆村的方言和土语才更具魅力色彩,这是一种得天独厚的旅游资源,需要得到进一步的科学挖掘、研究和整理,使其成为一道亮丽的风景线。

乡谚俗语采风谈

俞　群

　　榆村人自古崇仁尚礼,厚重的文化积淀,孕育了淳朴的民风乡情,也衍生了大量的乡谚俗语;正是这种独具魅力的语言艺术,使榆村人在社会交往中谈吐文雅、言简意赅,颇有饱学之风,即使是目不识丁的老妪,往往也能出口成章、妙语连珠。品味这些朴实、隽永而又富有哲理的乡谚俗语,实在是一种智的启迪、美的享受。

通天入地的农谚

　　农谚是农民从长期生产劳动中总结出来的经验之谈,对农业生产和农民生活都有一定的指导意义。榆村地区以农为主,受地理环境影响,常年易涝易旱,故此所产生的农谚大多与节气有关,不仅生动、准确、形象,而且讲文辞修饰,读来琅琅上口,具有很高的文化品位。"懵里懵懂,清明下种",清明节期间显然是一个播种的季节,但由于农历有闰月之例,且有"三年一闰,五年两闰,十九年七闰"之变化,故此每年的"清明"时间就会有早有迟。于是,农谚就告诉我们:"三月清明莫向前,二月清明莫退后。"同样是播种,不同的作物当然有不同的时间,如"头伏芝麻二伏豆""寒露油菜霜降麦"等等。收获时间也有农谚:"小满无青麦,芒种刀下死""秋分稻穗未垂头,只好割割喂老牛""七月洋桃八月楂,九月毛栗离开家(果实爆裂)"。气候与农业生产息息相关,有些农谚被农民视如经典:"夏至雨绵绵,高山能种田""白露晴一日,乌(荞)麦种到社(秋分)""六月凉悠悠,稻谷没得收""雷打惊蛰前,二月雨连连,三月无秧水,四月洗干田""天上起云鱼鳞斑,明日晒谷不用翻""大雪压了菜心头,一年收了三年油;大雪打残油菜花,家中油坛全打光"……气候对人们的生活影响很大,因此,有关天气变化的谚语格外受人瞩目:说风的有"春东风,雨祖宗""五月南风涨大水,六月南风井底干""久雨西风晴,久晴西风雨""一日北风三日晴,三日南风雨淋淋";说雾的有"春雾一朝晴,夏雾晴半年,秋雾凉风起,冬雾雪封门""上半日雾蒙蒙,下半日晒死人";说云的有"早霞晚霞,无水烧茶""乌云接日头(日落),半夜雨不愁;乌云拦天东(日出),无雨也有风""开门雨,雨一筛(阵);关门雨,雨一夜""七月半无雨,十月半无霜""东虹日头西虹雨""蜻蜓赶会,大雨就到""重阳无雨看十三,十三无雨一冬干";说霜雪的有"一场寒露一场霜""春不露白,露白一朝天""清明断雪,谷雨断霜""一场春雪一河水,一场冬雪一仓米"……过年过节人们总是希望有个好天气,这也可以从某个特殊的日子得到预兆:"干净(天晴)冬至遢遢(雨雪)年""中秋之夜云遮月,来年元宵雪打灯"。冬至离春节少则一个月,多则五十余日,而中秋至来年正月十五是整整五个月,这么长时间的天气都敢预报,而结果往往又是八九不离十,榆村人真可谓是"独具慧眼,风云可测"了。

警世劝人的俗语

榆村的俗语寓意深刻且通俗易懂,其内容大多以警世劝人为主,充满了生活情趣和人生哲理。俗到至极为大雅,俗语非但不俗,而且还是中国语言艺术中一颗熠熠生辉的明珠。古徽州文化教育发达,"十户之村,不废诵读",氤氲的书香气浓得化不开,有"东南邹鲁"美誉,于是便有"穷不丢猪,富不丢书""聚财不如课子,闲坐不如读书""生子不读书,等于在养猪"等俗语应运而生。正是这种浓厚的读书氛围,奠定了徽文化在中国历史上的独特的地位。"肥田不如瘦店""生意不成仁义在""人无信誉不立,店无信誉不开""徽州朝奉,自家保重""卖田卖地,不卖手艺""生行莫入,熟行莫丢""生财有道,起早摸黑"……这些俗语讲述的都是经商之准则,即"诚信为本,童叟无欺",徽商昔日那辉煌的历史至今影响犹深。榆村人立身处世讲究自尊自立自律:"宁可低头弄土,不可仰面求人""吃饭吃碗里,走路走中间""平日不做亏心事,半夜不怕鬼敲门""易涨易落山溪水,一反一复小人心""吃了人家嘴软,拿了人家手软""秧好一半谷,妻好一半福"。在人们的观念中,勤劳和节俭是自古不变的美德:"六月不晒背,白米饭哪里来""吃不得不曾饿,做不得不曾穷""做有功,嬉无益""越嬉越懒,越吃越馋""肩膀头上出白米,锄头底下生黄金""节省好比针挑土,破费好比浪推沙""家有千金,不点双芯""一餐省一口,一年省一斗"。当然,居家过日子不能一味节省,关键是要精打细算、善于谋划,否则就会"吃不穷,穿不穷,算计不好一世穷",即使能"买到便宜柴",也是"烧着夹底锅",最后往往是"千日割柴只够煮一锅腊八粥",如此下场,真是划不来了。"搭要好伴,住要好邻""远亲不如近邻",强调的是邻舍和睦、结友从善;"篱笆不破,狗不来钻""家不和,外人欺""好狗不咬鸡,好男不打妻",尊崇的是家人团结、夫妻相敬;"花配花,柳配柳,破畚箕配葛帚(用葛藤绑扎的扫帚)",讲究的是物以类聚,人以群分。在"人情大似债"观念的支配下,人们不免时有"头顶锅盖卖"的窘境,但是"人心换人心,八两换半斤"的信条仍然根深蒂固,如有谁违反了这个"游戏规则",那就会"七碗来,八碗去,少一碗都不来去"。此外,还有劝人革除恶习的:"赌博钱,溪边田;辛苦钱,万万年""乡风不好出光棍,竹园不好出伞柄";有劝人以和为贵的:"忍得一时气,消得百日灾""朋友千个不少,冤家一个嫌多""忍片刻风平浪静;退一步天高地阔";有劝人强身健体的:"今年春笋来年竹,少壮身体老来福";有倡导计划生育的:"瓜多藤枯,子多母苦""一个孩子一身新,一窝孩子破片筋""多男多女多冤家";有喻世明言的:"冷饭冷粥胀人肚,冷言冷语伤人心""手长衫袖短,无钱难做人""一家不知一家,和尚不知道家,家家都有一本难念的经""深山坞里读书,不如十字街头听讲"。榆村的俗语中还有许多带有贬义的,言辞虽然委婉,但入木三分:"丢掉讨饭棒,忘记叫街时",泛指忘本之徒;"打肿面嘴充胖子,死要面皮活受罪",泛指虚荣心作祟;"鲜鱼不改腥,生姜不改辣",泛指恶习难改;

"打老婆,吓邻舍",泛指虚张声势;"上当不学乖,眼泪当尿拉",泛指缺乏心智;"狗肉上不了桌面,螺蛳装不了果盒",泛指粗俗之人难登"大雅之堂";"给三分颜料就想开染坊",泛指为人不知天高地厚。最有讽刺意味的是形容某些"人心不足蛇吞象"之怪现象:"吃到碗里,看到锅里,手伸到钵头里,脚踩到灰堆里",嘴、眼、手、脚并用,真是贪得无厌。

廊亭街上聊天的村民

亦庄亦谐的歇后语

榆村的歇后语也是精彩纷呈、韵味十足的:前半句用隐喻的语言构成谜面,而本意落在类似谜底的后半句,以互文的手法,表现出隐与显的辩证关系,比如"糖饼粘着棉花絮——扯不清""豆腐跌到灰堆里——吹又吹不得,拍又拍不得""黄连树上挂苦胆——苦上加苦""背鼓上山——讨打"等,都极为生动形象。榆村人讲歇后语有只讲前半句的特点,如某人因孤陋寡闻而"不知世上事",言者往往只说"井底之蛙";某人讲话喜欢"东拉西扯",言者以"冬瓜藤蔓到绿豆棵"斥之……当然，闻者也要深谙其中含意，如不能心领神会，那真是"对牛弹琴——不开窍"，或是"瞎子点灯——白费油"了。

立意奇巧，比喻贴切，这是榆村歇后语的一大艺术特色。如劝人立世要"菠菜烩豆腐——青青（清清）白白"，不能"肉汤水洗面——昏（荤）头昏（荤）脑"；做事要"骑着毛驴拄拐杖——老稳"，不能"扁担无钉——两头脱"；待人接物不要有霸气，否则会落个"钟馗开饭店——鬼都不上门"的下场；言谈举止要得体，绝不能"阎罗王贴布告——鬼话连篇"；英雄气短叹之"张飞卖豆腐——人硬货不硬"；小人得势贬之"裹脚布补伞——一步登天"；庸者无能讥之"倒笼的毛豆腐——捏不上手"；气质不佳谓之"麻布袋上绣花——底子差"……如此形神俱全、脍炙人口的歇后语还有"三十夜晒衣裳——今年不干明年干""落雨天背稻草——越背越重""烂污泥田里搬石臼——越陷越深""棺材盖上翻筋斗——死去活来""青石板上摔乌龟——硬碰硬""猪尿泡打人不疼——污气难受""三刀杀不死老绵羊——慢性子""木匠吊线——开一只眼，闭一只眼""两个哑巴睡一头——好得没话说""三十夜借刀板——没得空"等等，不胜枚举。有些歇后语还十分注意语法修辞，巧借异字谐音，以达到更加完美的艺术效果，如"红毛鸡公头上一块肉——大小也是一个官（冠）""穷木匠开张——只有一句（锯）""屎缸里打灯笼——找死（照屎）""八个歪头站一排——相互看不起（齐）""一头跌进酒缸里——成了罪（醉）人""扯着胡子上船——谦虚（牵须）过度（渡）""孔夫子搬家——都是输（书）""穿蓑衣救火——引祸（火）上身"等等；尤其是"癞痢头打伞——无法（发）无天"一句更绝：癞痢为黄癣之俗名，头上生了黄癣，毛发皆脱，且出血流脓恶心人。在榆村方言中，"癞痢头"不仅是指生理上的，同时也是横行霸道惹不起之徒的"雅号"，用"癞痢头打伞"暗喻"无法（发）无天"，与外地的"和尚打伞——无法（发）无天"相比，用词更加准确，立意也略胜一筹。

有的歇后语还将动物的生理特征用以喻人，因此显得更加逼真有趣："一只手捉二十四只鳖——瞎忙"，鳖是会爬的，常人一只手捉一只都困难，更何况要捉二十四只呢？此语是指主次不分，什么事都要管，结果什么事都管不好，劳而无功，瞎忙一场。此类句式还有"老虎不吃人——凶相吓人""水牛犄角不抵人——样子难看""牛学马拉屎，尾巴翘不起——学样不像""瞎子猫碰到死老鼠——凑巧""牛头不对马嘴——胡扯"等。

还有些地名歇后语也很有意思,如"金床玉椅——富座(昨)""杀猪下桶——淘毛(桃梅)""夏天着絮鞋——冷(岭)脚""一脚踢不开——石门""腊肉汤下饭——顺口"等等。

毋庸讳言,榆村地区的乡谚俗语还有许许多多,所涵盖的范畴也是多方面、多层次的。但一叶知秋,这些"口承文学"无疑是当地古文化和社会习俗的"活化石",具有很高的文学欣赏价值和学术研究价值。

榆村歌谣录

俞　群

　　歌谣是人民大众所创作且喜闻乐见的一种艺术形式,《韩诗章句》云:"有章曲曰歌,无章曲曰谣。"《诗经》中也说:"心之忧矣,我歌且谣。"榆村歌谣有情歌、民谣、童谣和风俗小调等,内容丰富、思想深刻、语言生动、感情率真,且音调古朴、典雅,具有鲜明的江南色彩和浓郁的古山越气息。下面选取几首民谣、童谣,以飨读者。

　　先请看在榆村广为流传的《前世不修》:

> 前世不修,生在徽州;
> 十二三岁,往外一丢。

　　徽州地处万山丛中,"八山一水一分田"的地理环境,使"生业于地者十不获一"。人们为了生存,只好背井离乡、行商坐贾,连稚气未脱的孩子也早早离开父母外出当学徒,这首民谣唱出了徽州人的艰辛和无奈。榆村人把外出经商称为"出门客",或者说是"做生意",十二三岁出门只能是当学徒。学徒一般为期3年,其间不准回乡探亲,不准请假休息,日里站柜台,夜间睡店堂,为

了学好生意经,不知要吃多少苦,请看童谣《学徒苦》:

> 学徒苦,学徒愁,
>
> 头上戴栗包,背脊驮拳头;
>
> 三餐白米饭,两个咸菜头。

"栗包"是头上被打成的血肿,"驮拳头"也是挨打的意思;一日辛苦劳作,吃的是三餐淡饭,勉强有些成味而已。正是靠着这种忍辱负重的"徽骆驼"精神,最终造就了一代代徽商,开创了雄踞中国商界数百年的辉煌历史。

榆村自古文风昌盛,人们恪守"万般皆下品,唯有读书高"的信条,请看《牵三哥》:

> 牵三哥,卖茶郎,
>
> 打发团,进学堂;
>
> 读得三年书,中个状元郎;
>
> 前门竖旗杆,后门做华堂;
>
> 金屋柱,银屋梁,
>
> 珍珠壁,象牙床,
>
> 绣花枕上一对好鸳鸯。

歌词通俗易懂,充分展示了封建社会所崇尚的"书中自有黄金屋,书中自有颜如玉"的价值观。值得一提的是,这首童谣唱时还有动作,一般是大人面对面双手拉着孩子,随着韵律节奏,一仰一俯地摇动,极具情趣。类似的童谣还有《拍手掌》:

> 拍手掌,掌莲花,莲子莲花到我家;
>
> 我家园,帝给大屋大人家;
>
> 阁上柱描金,阁下牡丹花;
>
> 牡丹花上一点油,观音菩萨坐龙头;
>
> 龙头龙尾巴,观音菩萨坐莲花。

　　游戏时,两个儿童面对面席地而坐,伸出双手相互抵住,然后自己先拍一下手掌,再用右手掌心去拍一下对方的右手掌心,唱一句,相互拍一下,如此反复循环,直到唱完为止。这首童谣一般是在女童之间做游戏时唱的,而男孩子一般唱的是《鸳鸯对》:

　　　　鸳鸯对,对韭菜;

　　　　韭菜香,卖生姜;

　　　　生姜辣徐徐,回家卖雪梨;

　　　　雪梨甜蜜蜜,回家捉蟋蟀;

　　　　蟋蟀不禁打,回家捉螃蟹;

　　　　螃蟹不出银,回家讨新迎;

　　　　新迎不插花,回家卖冬瓜;

　　　　冬瓜一肚子,生个好儿子。

　　在旧社会,妇女的地位低下,历来不受重视,最让女人痛苦一生的是"裹足"。这种变态的审美观念给她们带来了巨大的伤害和痛苦,长长的裹脚布就像一把无形的精神枷锁,毁了妇女的终生幸福。《小脚苦》这首歌谣唱出了对"裹足"这种丑恶现象的抗争:

　　　　点点脚,绕啊绕,

　　　　绕到菜园摘羊角。

　　　　羊角不曾生,上山摘黄樱;

　　　　黄樱不曾红,回家扎灯笼;

　　　　灯笼红彤彤,照我嫁老公;

　　　　嫁个洋学生,讲我目不识丁,

　　　　一双小脚得人憎;

　　　　公婆不欢喜,老公要离婚;

　　　　我怨娘亲心肠狠,娘讲裹足祖宗定;

我想读书识个字,娘亲骂我囡儿精。

娘亲也有裹足苦,何必害囡苦一生?

榆村旧时曾有"童养媳""等郎婚"等陋习。有的人家因缺少劳动力,当儿子才几岁时,就为他娶个十几岁的大姑娘,《等郎媳》记录的便是这种十分不合情理的现象:

娘啊娘,(尔)真荒唐。

尔讲把我帝(给)个好人家,

童养媳等个童年郎。

我大渠(他)十多岁甚样讲?

不像老婆不像娘!

驮(抱)着要拉屎,

哭着要吃糖,

日间领渠嬉,

夜间驮上床,

清早帮渠着衣裳;

等到郎大我已老,

命里注定没法想。

一唱三叹的歌词,把等郎媳对人生的哀怨以及她在情感上的煎熬,叙述得淋漓尽致,字字句句堪称是血与泪的控诉。此类民谣还有《瞌睡虫》《一只鹅》等,对童养媳那悲惨的命运寄予了极大的同情。与凝重压抑的童养媳题材相比,下面的这首童谣显然就轻松欢快了许多:

三十夜,初一朝,

先拜爹娘后拜哥。

拜祝爹娘寿百岁,

拜祝哥哥大发财。

福也多,财也多,

子子孙孙笑呵呵。

放起爆竹砰砰响,

鸡子(鸡蛋)肉包滚(热)乐乐。

《贺新年》以写实的手法,把榆村年俗刻画得十分逼真生动,通篇洋溢着团聚、祝福、祥和的气氛,让人感觉到了家庭的温馨。再来听听《倒唱歌》:

倒唱歌,顺唱歌,

溪里石头滚上坡。

先生我,再生哥,

爷(爸)讨(娶)姆,我打锣。

我驮外公去看戏,

舅爷(娘舅)还在摇外婆。

听听《姐在房中头梳手》:

姐在房中头梳手,

听见门外人咬狗,

拿起狗来打石头,

又怕石头咬了手。

歌词诙谐,风格幽默,故意颠倒事理,妙语错位,唱起来趣味横生,对于好奇而富有求知欲的孩子来说,无疑会产生强烈的诱惑力,在潜移默化中得到启发。

榆村地区流行的歌谣有许多,因此难以一一尽述。尽管有些内容因落后于时代而遭淘汰,但就整体而言,仍不失为一笔珍贵的文化遗产。

龙之舞

向日葵

黄山古村众多,但爱榆村,更爱榆村的"龙"。

榆村是一个有故事的地方。"扬州八怪"之一汪士慎的故乡,大书法家董其昌在这里执掌过教鞭,程爵义救许阁老……这里还有明代辛峰塔、乾隆恩准的节孝坊和太塘村的紫宸近侍坊、徽开古道、榆村十景等,历史文化的碎片,像一串串珍珠,在榆村大地上熠熠生辉。

最深的记忆莫过于榆村一年一度的元宵龙灯会。我虽是个无神论者,但一次次被榆村的舞龙盛况所感动。

榆村的龙有好几条,富溪有布龙,榆村有板龙,藏溪不仅有布龙,还有板龙。正月十五闹元宵,榆村大地劲龙舞,双龙狂舞,四龙腾飞,直把个千年古村舞得风生水起,直把榆村人民舞得意气风发。

我虽生在徽州,但对龙文化不甚了解。小时候曾见过村里人在中秋节舞过稻草龙,但印象不深。倒是近些年,徽州大地传统文化复而兴起,一大批濒临消失的徽州民俗被一一捡拾回来。除了榆村的龙,还有屯溪的抬阁、黎阳仗鼓,休宁的板凳龙、得胜鼓,黟县的抛绣球,歙县的跳钟馗、叠罗汉,祁门的目连戏、傩舞,黄山区的轩辕车会等传统民俗被挖掘、整理并弘扬。这些老祖宗留下来的产物，封建时期多用于驱妖辟邪、祈福平安。而随着时代的进步，人们更多地相信科学技术，但其作为一种精神信仰，在民众中仍有牢固的基础。

龙 舞

榆村舞龙距今有着几百年历史，新中国成立后曾在国庆10周年庆典时大出风头，长达198板500多米的巨龙威风凛凛地舞到屯溪街头，至今仍传为佳话。但自此之后，尤其是遭遇了破"四旧"浩劫之后，榆村龙在较长的一段时间内销声匿迹，直到20世纪80年代初才腾飞起来，而且越舞越盛。乙未年春节，榆村添丁居民组以一组之人力、财力，独自举办了一次规模空前的传统板龙灯会。舞龙，已经成为今天榆村人展示精气神的重大文化活动。

榆村人舞龙，越舞越神气，先是恢复了一条，后来两条，再后来三条，到今年已经有四条龙在元宵节同舞。每年元宵节的榆村，三河六岸，灯火通明，群龙同舞，万民同欢……榆村的每一个角落会有"龙"的光顾，榆村近万群众的情绪都会被龙的激情点燃。

对于每一个榆村人来说，龙的形象是一种符号、一种情绪、一种血肉相连的情感。舞龙文化备受榆村人追捧,源于榆村人在当下时代的文化自豪感和弘扬传统文化意识的复苏,因为每个榆村人的身体里都流淌着传统文化的血液。

龙是中华民族的图腾,是中华文化的魁宝,是国人之精神,是榆村人文化的象征、精神的寄托。榆村人热衷舞龙,舞的是龙,看的是热闹,图的是好彩头,表达的却是榆村人在新的时代积极向上、同心同德、创造美好生活、实现美好中国梦的力量。

去榆村看塔

焦水奇

  辛峰塔是中国第一状元县——休宁县仅存的六座古塔之一,造型美观,建筑文化底蕴深厚,极富观赏和研究价值。它坐落在榆村乡富溪村的西山头,距屯溪仅7公里路程,有水泥马路直通塔底,交通十分便利。

  草长莺飞的时节,大自然尽情展现着她妩媚的风姿。朋友,你想尝试一次既经济实惠又能体味独到徽文化的乡村之旅吗?请跟我一起去榆村看塔吧!

  从屯溪出发,经广宇大桥,一路向南行进。欲断还续的楼宇、美丽的农家小院,使人身心舒畅。路旁的珮琅河像与人捉迷藏似的弯弯绕绕,时隐时现,苍翠的金竹林则与小河成了亲密的伙伴,以她诱人的魅力共同亲近和迷离了你的双眼。一路就是这么轻松、这么惬意,让人想着即使不到榆村,这一路风光也已饱了眼福,此行不虚了。不是吗?也许你的头脑中还会现出孟浩然的山水名句来:"绿树村边合,青山郭外斜。"那一份田园的韵致可真够可爱的。

  行走一刻钟,就到了塔山脚下。连绵起伏的群山之间,辛峰塔犹如一支摩天巨笔巍峨地耸立着,直刺云端,欲写宇宙大文章,意境那么深远、那么自命不凡。在以蓝天、白云、青山为背景的画幕上,它既是辽远的,又是切近的,毋庸置疑地成了画幕的核心,成了一切的主宰,给了我们一种力量。

辛峰塔下好耕田

　　巨大魅力的吸引,更勾起了我们一睹真容的好奇心。车停在塔山脚下的路边,一路跋涉登顶,但见宝塔密檐六角七层,高约 40 米,仰望之,如一位饱经沧桑的武士,身披戎装,头戴巨大铁盔,威严屹立;俯视之,塔身灰黑斑斑的青砖上已长满了翠绿的苔痕,令人遥想那悠悠历史逝去的岁月中,它怎样经历风雨仍坚如磐石。据《休宁县志》载:"辛峰塔建于明朝万历年间。"经过 400 多年的风雨洗礼,展现在我们面前的宝塔竟在垂暮中透着矍铄的神光和硬朗的身姿,甚至依稀能辨别出它"年轻"时代的风韵,这真让我们感叹徽州工匠的聪明才智和匠心独运的艺术造诣。

从拱门入塔,只见塔心中空,六个侧面的砖墙上设有许多佛龛,显然那是古时为供信男善女顶礼膜拜、祈福而使用的。这也不难想象,佛教由唐朝传入我国,至明朝方兴未艾,这些古塔也应该是佛教文化的产物了。佛龛上的菩萨有的已遭破坏,有的依然造型生动、神态逼真、线条优美、雕刻精细,由此可见明朝的徽雕艺术已经达到炉火纯青的地步了。顺着一侧拱门,人须躬行才可拾级而上,窄小的通道由梯形砖垒砌,可盘旋而上;第二层以上各有六个拱门,攀附着墙体可从对面拱门登上三楼,如此反复可直达塔顶。据史料载,辛峰塔每层都有神龛和菩萨,砖雕菩萨共 659 尊,可惜现存的只有 1/3 的数量了。值得庆幸的是,从 1981 年起,辛峰塔已被休宁县人民政府列为重点文物保护单位,这座古塔从此得到妥善的保护。

虽然不可登至塔顶,缺少了"会当凌绝顶"的遗憾,但站在西山头上,极目远眺,依旧不失"一览众山小"的意趣:波光粼粼的珮琅河,连绵起伏的山峰,鳞次栉比的民居,葱绿的水田、茶地尽收眼底。远处屯溪山城的胜景也隐约可见,亦幻亦真,与天际间云蒸霞蔚的妩媚交织成仙境般虚无缥缈的绮丽图画,真是美不胜收。

"昔人已乘黄鹤去,此地空余黄鹤楼。黄鹤一去不复返,白云千载空悠悠。"时过境迁,历史越千年,置身于辛峰塔前,身凌青云,脚踩古砖,凉风阵阵袭来,怎不引人发怀古之幽思?这怕是辛峰塔更加别样魅力的所在了。

辛峰塔,我们期待你能成为乡村旅游的宠儿!

富溪仗鼓美名扬

余士心

仗鼓，是榆村人最崇尚的传统乐器。

传说公元 7 世纪初（隋末），保境安民的英雄汪华血战沙场时，就用仗鼓以壮军威，得胜班师之日也用仗鼓欢庆胜利。因此，仗鼓又叫战鼓、得胜鼓。在民间，富溪的仗鼓一直被视为"灵物"，平时不得轻易擂响，只有在祭神、祀祖、庙会等隆重、庄严的场合才能组织队伍演奏。明清时期的官衙，在重大节庆典礼或迎接重要官员时也借助仗鼓以作仪仗。

仗鼓以杂木作围，用牛皮蒙双面，上下鼓边镶嵌着两圈密集的黄铜钉包（便于击打）；鼓呈扁圆形，直径约有 40 厘米，高约 20 厘米（据说地藏古庙的仗鼓有此数倍之大），样式极为古朴。击打时，一人一鼓用红缎带斜背于身前，左手持鼓环，右手执鼓槌；一般庆典不得少于四鼓，场面越大越隆重，启用的仗鼓就越多。

富溪的仗鼓在古徽州很有名气。为了祭祀先祖，古时候富溪人正月都要隆重举办汪公出游大型活动，是时，"打仗鼓"等传统民俗游艺活动就红红火火地闹开了，目的是"效法先贤，勤武自卫"。每天八鼓二笛一锣为一班，轮流上阵，夜夜击鼓奏笛，走遍大街小巷；在咚咚咚的仗鼓声中，村民们搞卫生、接亲友、扎龙灯,喜庆的气氛日益浓郁,故当地流传着"听见仗鼓响,就往富昨赶"的民谚。到了出游这一夜,"打仗鼓"成了年轻人的最爱,那雄壮威武的鼓点,缓时声声如雷、九天回响,急时排山倒海、气势如虹,再加上悠悠的曲笛、锵锵的云锣,大有"沙场秋点兵"的遗韵……"打仗鼓"已成为传统代代相传了,逢年过节或举办龙灯会,村民们都要痛痛快快地敲上几场。尤其值得一提的是,近几年富溪村组织了一个女子仗鼓队,一些大姑娘、小媳妇成为每年龙灯会上最出彩的演奏者,赢得了世人广泛的赞誉。

仗鼓有曲。以中国民间传统的工尺谱记述的《仗鼓曲》,雄浑、威严、有力,具有浓厚的地方色彩和鲜明的民族格调,记得其谱是这样的:"五六工工,五六工工,尺上五六,尺上五六,尺上五六工工工。尺上五六工,工尺工五六,上尺上五六,五六工工工,五六工工工。工五六,上五六,上尺上五六,尺上五六工工工,尺上五六工。"

曲调简洁,节奏明快,演奏时可以无限反复,尤其是那最后几声"工工工",极为雄浑,特别令人振奋。仗鼓的击法有单击、双击、前后左右绕边击等多种,配以曲笛、云锣等民族器乐伴奏,所产生的艺术效果极其强烈。《仗鼓曲》那脍炙人口的工尺谱在榆村地区流传很广,在富溪村可谓是家喻户晓、妇孺皆"唱"……

仗鼓也有舞。作为一种民间游艺,仗鼓当然是一边行走一边敲打的。游街走巷时,鼓手的舞蹈动作一般以踏步、弓步、前步、后步等步伐为主。在广场表演时,则增加圆场、跳跃以及不断变化队形等内容,以整齐划一的动作和声情并茂的表演而取胜。传统的仗鼓舞,易记易学,稍加排练就能上场,这也是仗鼓敲了千年也难停的重要因素。

1986年6月,笔者当时还在榆村文化部门工作,曾数次接待了安徽省民间音乐集成编辑部慕名前来采风的专家;6月25日上午,富溪村组织了12人的仗鼓队,现场表演了传统的仗鼓曲和仗鼓舞,被摄制成资料片珍藏起来。近十几年来,黄山市的文艺工作者对古老的仗鼓舞进行了大胆的挖掘和科学的整理,集古徽州各地仗鼓艺术之长,推出了一台古风浓郁、编排新颖的大型舞蹈,美其名为《得胜鼓》。这个舞蹈人物众多,气氛热烈,以丰富厚重的文化内涵和粗犷剽悍的艺术风格为黄山的民间艺术赢得了巨大的荣誉:早在1987年春,世界著名导演伊文思就在屯溪老街把《得胜鼓》一一摄入大型风光片《风》；以几十部海内外电视片或为背景或为专题,淋漓尽致地展示了《得胜鼓》的风采。最为难得的是,《得胜鼓》不断被创新,日臻完美,以它那恢宏的场面、古雅的装束、奇特的器乐、刚健的舞姿,成为历届黄山国际旅游节民俗表演的经典保留节目,受到党和国家领导人以及众多的中外贵宾的青睐。

仗鼓表演

物华天宝土特产

叶天寿

藏干白蘑菇

白蘑菇又名口蘑,属野生蘑菇,含有丰富的营养物质,如蛋白质、维生素及钾、钙、铁和磷等。

榆村乡白蘑菇示范基地地处富溪村藏干组,是黄山市唯一蘑菇生产专业基地。

从2004年开始,藏干村组建"藏干村白蘑菇生产协会",充分利用本地稻草、劳动力资源优势,采取党员干部带头、基地大户示范、政府扶持服务的发展措施,大力发展蘑菇产业。2010年该村从浙江嘉善姚庄引进新品种,2012年规划种植白蘑菇8000多平方米,产值达70万元。现已建成高架大棚15个。2015年白蘑菇种植面积突破10000多平方米,白蘑菇市场份额占全市70%以上。

塘下紫山药

紫山药又名紫苕药、紫淮山,它具有颜色鲜亮、风味独特、营养丰富等特点,有很高的药用价值,既是美味佳肴,又是保健佳品。通过加工,紫山药可制成各种滋补食品,素有"蔬菜之王"的美誉,经常食用红紫山药可以降低血压血糖、抗衰益寿、健脑补智、增强人体免疫力和改善性功能,是益于脾、肺、肾功能的珍贵药食。

2008年屯溪客商郑先三将种植基地总部迁至榆村乡富溪村塘下组,2010年11月试种成功,产量达到1500公斤/亩,经济效益达到万元。2012年注册成立了黄山市紫山药科技开发有限公司,对农产品进行深加工,已具备年生产紫山药全粉、紫山药养生酒生产加工能力。目前,该公司与屯溪客商徐鲜艳进行合作开发,通过实施农业产业化发展战略,初步形成了"公司+基地+协会+农户"农业产业化发展新格局,提高了农产品科技含量,增强农产品附加值,带动当地农民发展特色农业,促进农民增收、农业增效。

太塘有机茶

榆村乡历来是"屯绿"的重要原料基地。榆村绿茶外形匀整,色泽灰绿光润,香气馥郁芬芳,滋味浓醇鲜爽,汤色清澈明亮,构成"叶绿、汤清、香醇、味厚"四绝而备受消费者的青睐。近些年来,天然的绿色食品异军突起,有机茶风靡茶市。榆村乡境内群峰竞秀、云蒸霞蔚、溪涧纵横、气候湿润,加上得天独厚的生态环境,保证了榆村有机茶卓然超群的品质,以太塘村为代表的一大批有机茶生产基地、无公害茶的生产示范基地,为振兴榆村乡茶业经济做出了重要贡献。

郑湾笋干

榆村乡竹类品种极为丰富,其中郑湾村的竹类品种最为多样。有竹就有笋。郑湾人除了吃春笋、卖春笋,还有制作干笋的悠久历史。

郑湾的毛竹笋以清明前后出土的白壳笋为上品。这种笋肉头肥厚,鲜嫩无比,用手指掐捏,即能出水,稍微一碰即破,是徽州传统食材中的独特山珍。春笋大多都制作笋干,以便储藏。郑湾干笋选材上很严,通过去壳、切根、修整之后,再放入大锅高温蒸煮,而后用清水浸漂,压成形,上烘笼烤干,最后整形包装,所有工序全是手工操作。

好的笋干色泽金黄,片宽节短,笋片上凝聚白霜者为上品。食前先用温水浸泡,而后入沸水煮半小时,这种食材便鲜嫩无比,可与肉类相配,或煮或炖或炒,皆成佳肴。

郑湾的干笋不仅有毛竹笋,还有雷竹笋、水竹笋,其中水竹笋为野生,其肉质更加细腻、爽口,在市场上饱受欢迎。

干笋为"保健脱水食材",其营养价值很高,富含蛋白质、氨基酸,还有钙、磷、铁、胡萝卜素等物质。由于干笋有膳食纤维,还具有开胃、助食、败火、减肥等多项功能,是受人们青睐的有机食品。

湖驾雪梨

湖驾是榆村的一个自然村,背靠高大的北山,当地气候非常适宜梨树的生长。湖驾雪梨的栽培已有了300多年的历史,一向以果形美观、皮薄汁多、香甜清脆而闻名遐迩。

湖驾雪梨中品质最好的品种是金花早与细皮。金花早梨味最甜,果呈扁圆形,果柄四周密布金色斑点,称为金花盖顶;又因它成熟早,小暑前后即可采摘,故而得名。"细皮"皮薄、汁多、肉细,可以久贮远运,成熟期在处暑前后。

"忽如一夜春风来,千树万树梨花开"。每到春天,湖驾村就掩映在一片花海之中。雪梨不仅梨花洁白晶莹,而且果实也如雪似玉,流光溢彩。清明过后,那一棵棵透出嫩叶的梨树上,挂满了用柿漆水渍过的毛边纸袋。这种纸袋,一不透水,二不透光。当果实如纽扣般大小时,梨农就精心地把它们用纸袋包裹起来了,历时四五个月,直到梨子成熟采摘,梨袋才和雪梨一起下树。包梨袋有两大好处:一可以防虫害,二能使果皮变得雪白,外形美观,雪梨之美名,由此而得。

岭脚猕猴桃

猕猴桃,榆村人又叫"洋桃",其实,它的祖籍在中国。早在公元前的《诗经》中就有猕猴桃的记载,李时珍在《本草纲目》中描绘猕猴桃的形、色时说:"其形如梨,其色如桃,而猕猴喜食,故有诸名。"

野生猕猴桃在榆村山区到处都有,岭脚村的深山老林中尤其丰富,品质也最佳,屯溪市场上的野生猕猴桃大多出自这里。"味甘酸,生山谷,藤生著树,叶圆有毛,其果形似鸭鹅卵大,其皮呈褐色,经霜始甘美可食"。猕猴桃这种酸中泛甜、芳香怡人的果实,营养极为丰富。据分析,每100克新鲜果肉便含有100至400毫克维生素C,比苹果高出20至80倍。被人们称为"水果之王"的猕猴桃,人类真正了解和利用它也不过百余年的历史,因为长期以来它一直是猴子的"仙果"美食。现在,猕猴桃已有人工栽培品种,前些年榆村林场就曾在方坑源库区开辟了猕猴桃园;岭脚村人在家前屋后种下几棵,炎夏时绿叶铺满棚架,等于搭了一个天然凉棚,既能乘凉,又有鲜果可食,还能美化环境,真有几分唐代诗人岑参"中庭井阑上,一架猕猴桃"诗句中的韵味。

石桥头砚雕

砚雕艺术是刻刀在石头上舞蹈,难度极高。评判砚雕艺术的优劣,一般来说先看造型,再看构造和刀法。砚雕艺术家根据石料的外形、纹理来构图,以达到巧夺天工的境界。刀法则应用差异刀具的特色,施展刀法结构的多样性,凭手的力气和感觉,务必持刀稳、下刀准、推刀狠。刀法轻重徐疾,刚柔相济,使之掩疵显美,不留刀痕。富溪村石桥头村民组的孙锐,是歙砚雕刻大师方见尘的得意弟子,这个80后新秀已在砚雕行业崭露头角,他把歙砚的实用性和艺术性融为一体,主要刀法以浅浮雕为主,线条简洁,干净利落,擅长于山水、人物的雕刻,尤其重视线条的推敲和神韵的考量,人物表情圆润丰富且饱满。山水以写意为主,充分尊重材料本身,讲究天人合一,在此基础上精心设计,以达到形神兼备,已形成了自己独特的艺术风格。他的力作《南无观世音菩萨》在第43届全国工艺品、旅游纪念品暨家居用品交易会上获得"金凤凰"创新产品设计大奖赛银奖,《吹箫引凤》2010年获得中国文房四宝精品大奖赛金奖。目前,已是黄山市级非物质文化遗产项目歙砚制作技艺代表性传承人的孙锐,已将他的砚雕工作室迁到屯溪老大桥附近;他砚雕艺术作品也早已漂洋过海被日本、新加坡、马来西亚等国以及港、澳、台地区的有关人士收藏。

竹韵堂竹雕

休宁县竹韵堂竹雕厂坐落在榆村乡富溪村的公路旁,是竹简工艺品、竹雕工艺品、竹简礼品、竹雕字画、竹雕对联等产品的专业生产厂家。一根根竹子经过一道道工序加工,变成了一件件竹雕工艺品,立刻焕发出迷人的光彩。竹韵与古风结合,做工精湛细致,让人爱不释手。竹韵堂将古老的竹雕工艺与现代的激光雕刻完美结合,开发出家居装饰和旅游纪念两大类产品,其中以小型竹简工艺品和大型竹简背景墙为主,雕刻内容多是儒家经典,也可根据客户需要预约定制。竹韵堂将历代典籍、名人墨迹、名胜古迹、山川风物、民间传说、神话故事、珍禽异兽等中国传统文化内容淋漓尽致地展现在竹简之上,尤其是《兰亭序》《孙子兵法》《三十六计》《心经》《论语》等书法作品备受消费者的欢迎。竹韵堂的产品古朴凝重,富有极其深厚的文化内涵,适合家居、酒店装饰或做馈赠礼品,或做个人收藏。高品位的竹简、竹雕产品不仅受到国内市场的青睐,而且还远销日本、韩国等国家。

小吃大拼盘

胡剑杰

榆村街头的风味小吃,名目繁多,因带有山野风味而久负盛名。

"鸭子臭"

"鸭子臭"其实就是一道风味豆腐,其制作方式主要靠卤缸起作用:用肉卤、炒熟碾碎的黑芝麻,加上鲜味品(如冬笋汁)拌合在一起,封缸一年以后才能启用。然后将新鲜的老豆腐切成方块,投入卤缸内卤制一天,就可食用,可生食,亦可做菜。最普遍的吃法是放到平底锅里用炭火油煎,待煎至两面金黄时,即起锅,不用碗碟,只用新鲜箬叶托着,拌些酱油或辣酱,撒些葱花,蘸些蒜泥,趁热下筷,其味鲜美无比。

炒青螺

青螺来自周围的山区溪涧,天然繁殖,绝无污染,个大肉嫩,营养丰富。加工前,将漂养多日的青螺剪去尾部,配以油、盐、葱、酒、糖及辣椒等佐料,入锅爆炒,食时蘸醋吮吸壳中之肉,其味鲜美异常,是佐食啤酒的佳肴。青螺肉干也是传统的上等食品。

馄 饨

　　馄饨,榆村人称"饺",要求面皮极薄,如纸一张,口吹即破;馅为瘦肉剁成,并掺以葛粉调制成糊状。食用前,先用竹片蘸着肉馅粘裹面皮,待锅中水开,放入煮一至两分钟,用爪篱捞起,盛于已放有榨菜、紫菜、油渣、葱花等佐料的汤碗中,撒上胡椒粉,用调羹舀着吃,食时如汤,回味无穷。馄饨都是一碗一碗地煮,风味独特,馄饨店也是到处都有,最具特色的还是廊亭街上李雪春夫妇的"打饺担"。

榆村馄饨

甜酒酿

甜酒酿大多都是农家所特制,以优质的新鲜糯米为原料,蒸成米饭后掺入被研成粉状的酒曲,装坛摊平,中间挖一透气孔,冬天用棉絮外围,夏天用布盖上,进行保温发酵;两三天后,当米粒结成一体,浮于酒汁中时,即可食用。出售前先将香甜的酒酿分装到一个个小碗之中,表面塌平,中间留一圆坑,漾着汪汪的酒酿水。这碗装的甜酒酿一般都是挑着橱柜沿街叫卖,既卫生,又便宜,营养价值高,很受食客的欢迎。

泥鳅钻豆腐

泥鳅在清水中漂养几日,待其排尽体内杂质,除却泥土腥味之后,再将它与大块新鲜豆腐同时下锅,注入适量冷水,配以火腿、香菇或冬笋等佐料及调味品,加盖用小火烧;水受热后,泥鳅纷纷钻入豆腐之中。十分钟后,一道风味菜做成了。泥鳅肉质嫩,豆腐味醇,汤汁更是香鲜无比。"泥鳅钻豆腐"在榆村美食谱上可称得上是"当家花旦"。

角 棕

榆村人把粽子称为"角粽",已有1000多年的历史了。本是逢年过节才家家包裹的角粽,如今已成为终年飘香的旅游食品。角粽为枕头形状,用箬叶包裹,分为排骨角粽、腊肉角粽、板栗角粽、豆沙角粽、红豆角粽等,经过热煮冷闷,油光溜溜,闻之清香扑鼻,食之味美可口,其中尤以灰汁角粽备受青睐:先用草木灰滤水拌入糯米之中,因碱性重、黏性强,吃起来特别绵软、耐饥,又便于短期存放。游客品尝之后,还可携带一些用于旅程充饥。

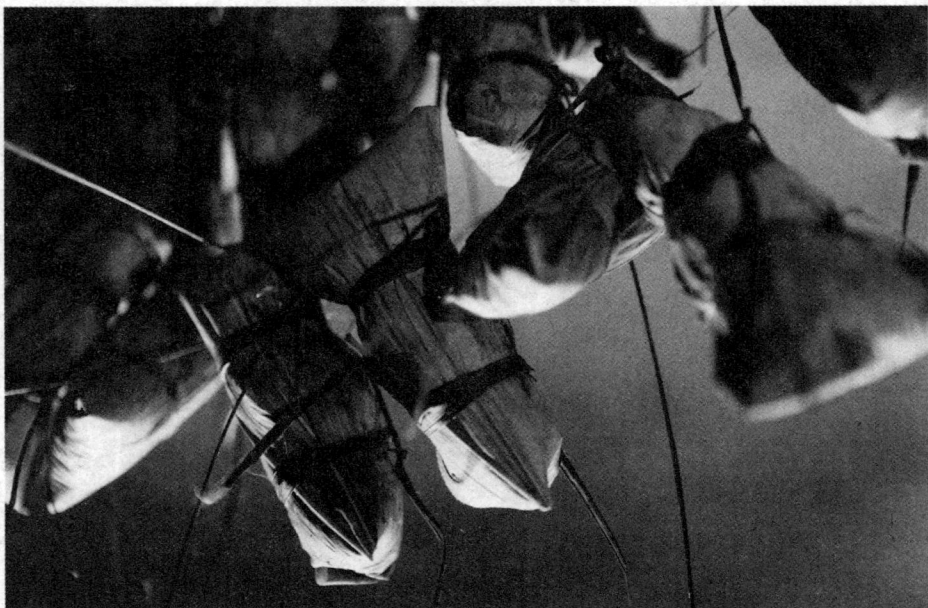

角　粽

糖炒板栗

每当秋风乍起的收获季节,榆村地区的板栗开始大量应市,街头也就出现了专门经营糖炒板栗的专业户:支起一口大铁锅,用砂糖拌着沙子炒板栗;炒好后用铁筛筛去杂质,板栗呈紫红色,油光水亮的,吃到嘴里特别香。这种糖炒板栗营养丰富,经济实惠,是徽州著名的传统风味小吃。

苎叶馃

苎叶馃,是榆村传统风味小吃。每年立夏节期间,村人皆采集野生苎麻叶掺在糯米粉中做成饼,蒸熟后食之。苎麻的根和叶含有蛋白质、胡萝卜素、糖类和脂肪等成分,可入药,有解毒、消炎、去热等功效,民间有"立夏吃苎饼,热天不中暑"之说。通过特制模具,制成色如翡翠、味带清香、面饰图案的糯米苎叶馃,深受人们的欢迎。

毛豆腐

　　毛豆腐的做法颇为考究:选优质黄豆为原料,煮豆浆时不得结豆腐衣;制成的老豆腐具有色纯如雪、刀切如玉、坠地不散等特点。先把老豆腐切成12厘米×6厘米的条块,排列于竹片上,放入密封的木制箱笼中发酵;五至七天后,豆腐的表面就长满了寸把长的菌毛,根据菌毛的长短、颜色,可分为虎皮毛、棉花毛、兔毛和鼠毛;虎皮毛豆腐最佳,入油锅煎时,菌毛会根根竖起;鼠毛(黑色)为下品。

　　毛豆腐有两种食法:一种是做菜,以毛豆腐为主料,配以香菇、冬笋、火腿等佐料,或红烧,或清蒸,其鲜醇爽口,芳香扑鼻,有开胃健脾之功能,故外地食客曾戏曰:"吃着毛豆腐,打嘴也不吐!"另一种食法为街头风味小吃,时有人肩挑着担子游走,一头装着柴炉、平底锅,一头装着毛豆腐及佐料。遇到主顾,当即生火油煎,待毛豆腐煎得两面金黄,起锅后撒上葱花,抹上辣酱,吃起来热乎乎、辣辣的、香喷喷,其味妙不可言。现煎现卖现吃,风味独特,真是既经济又实惠,实在是一种难得的享受。

蕨　菜

　　蕨,一名"蕨萁",亦称"龙爪菜",属草本野生植物,高一米左右。根状茎蔓横生土中,有棕色细毛;三四月出芽,初生无叶。每到春天,一丛丛、一颗颗拔地而出。民间采其嫩芽(白卷未展),俗称"蕨菜",味香脆嫩,色泽青绿,有丰富的胡萝卜素、蕨素A、蕨弍A及维生素C等营养成分,可供菜食;掘其根破碎过滤,沉淀取粉,俗称"蕨粉""山粉",可供食用或酿酒;也供药用,具有安神镇静、清热解毒、活血止痛、强心健脾、利尿消肿、祛风除湿等功效。

甜豆豉

榆村甜豆豉,是皖南山区广泛制作的传统风味食品。颗粒饱满,甜醇柔韧,鲜香爽口,余味悠长。以黄豆、酒、酱为原料,富含氨基酸、维生素等营养成分,是佐餐下酒佳品,更是男女老幼皆宜的高蛋白营养食品。包装精致美观,居家食用、旅游携带方便;馈赠亲友,古朴大方,是不可多得的土特产佳品。

榆村馄饨飘香

程云芬

早就听说榆村有家担扒馄饨味道非常鲜美,正好是五一节假日,和倾城之爱团队的志愿者们一起去张老师的婆婆家做客。趁着还没有到午饭的缝隙,大家伙争相约到榆村的馄饨摊上一饱口福。

馄饨摊位于榆村廊亭徍上,有一条河流穿村而过,故廊亭街也叫水街。循着空气里混合着葱花、榨菜和噼啪作响的柴火夹杂的气味,馄饨特有的清香引着我们很快来到了馄饨挑子前。一副简易的挑子,一头是冒着热气的铜锅,铜锅下,柴火红蓝色的火苗正欢快地舔着锅底;另一头摆满了包馄饨需要的佐料物件等什物,白底淡黄色小花的毛巾覆盖上面。挑子边缘有镂空的花纹,有一种简朴中的精致。美人靠上几只红绿色的塑料桶,装着从家里拎来的清水;紧靠着挑子的边上摆着一张小小的四方桌子、三条小长凳,靠近河边的一边正好用美人靠代替了板凳。有一少妇带着个四五岁的男孩正耐心地坐等美味,看样子是这里的熟客。我问少妇,经常来吗?少妇快人快语地说,这上下几个村里,就这家馄饨口味好,我是从五六里的地方特意赶来吃的呢!她孩子的眼珠滴溜溜地转,一边望望挑子上正在起锅的馄饨,一边和桌子底下一只土狗顽皮地嬉戏着。

"六碗馄饨!"同去的堪称"吃货"的同伴清点了人数,便迫不及待地叫喊挑家老夫妻了。在等待馄饨出锅的期间,我和挑家老夫妻攀谈起来。他们都是李姓,大爷70岁,大妈68岁。说起他们的馄饨挑子,追溯起来到他们这代已经是第五代了,那岂不是有一百多年的历史了?大妈说,她家用的馄饨皮是老头子每天早上三点就起来自己擀的,每天能卖四十多碗,五元一碗,一天百把元的辛苦钱是有的;早上八点出摊,下午五点结束,很规律。她的三个儿子都在城里打工,每天每人都有两百多元的收入。快速的经济效应,让他们的儿子都不屑跟他们学卖馄饨,只怕这馄饨挑子就只能延续到他们这一代了。大妈说着这话的时候,言语里有种淡淡的惆怅,我读到了他们坚守的不易和某种无形的东西流失的无奈。

馄饨

大爷一身农村老汉的打扮,大妈头发半数白了,系着蓝底碎花的围裙在挑子前飞快地包着馄饨。我好奇地拿起一张馄饨皮细观,几乎是半透明的,似可吹弹即破。其实不然,看大妈包馄饨,粉色的肉馅在馄饨皮里飞舞,很快就包好了六碗馄饨。那边,大爷已将六个大碗一字排开,逐一按顺序从红色镶边的搪瓷碗里用勺子挑放着盐、酱油、麻辣粉、葱花、紫菜、猪油渣和香油，还有少许其他调味品，整个流程如行云流水，一气呵成。或许是因为每天重复一样的动作，他们的配合很默契。

馄饨飘香

打开那只铜锅，白色的雾气顷刻弥漫上来。坐在河边的美人靠上，慵懒地等待美食，是等待一种简单的幸福酝酿的过程。我望着廊亭下过往的车辆和行人，望着河里三三两两的小鱼儿在畅快地游着，还有那只土狗依然乐此不疲地在馄饨挑子边转来转去，挑子大妈半白的头发，大爷淡定地招呼生意，所有的影像都重叠在视线里，刹那间，大脑里组织了一句莫名的话语：流逝的时光，有一种倦怠后的美。其实我无法解释这句话到底为何意，只是此刻我有了那种说不出的恍惚和沉醉。记得小时候，我所居住的村庄，在天气晴好的时候，也有一个挑担子卖馄饨的。由于家境颇穷，能坐在挑子边吃馄饨是一件极其奢侈的事情，因此，我和小伙伴大多都是围着挑子流口水的主儿，那叫一个羡慕嫉妒啊!

待热腾腾的馄饨被端上桌子,馄饨漂浮在碗里,由碧绿的葱花点缀着,煞是好看。大妈亲切地招呼着:"滚烫着呢,小心点。"于是,边吹着,边用勺子一口一口,几乎不用咀嚼,馄饨就囫囵一下到了胃里,留在舌尖上的是那种纯正的鲜美和味蕾的莫名享受。同去的犬子将碗里的汤一饮而尽,我也效仿,一碗馄饨连汤带水到了肚子,吃得酣畅淋漓,没有谁顾忌吃相的俗或雅,个个打着饱嗝恋恋不舍地走在回来的路上。犬子留了一个心眼,一路向当地人打听着从屯溪到榆村的公交线路,得知坐 16 路车可直达,他兴奋地叫嚷着:"下次带几个同学坐公交车来吃馄饨,让他们请客!"这孩子,真是顽劣呢,从小爱吃薯条汉堡和饮料,居然也爱吃如此纯正口感的馄饨。我说,这馄饨,有妈妈童年的味道呢!我走上前,拍着他的臂膀说:"做人大气一点好不?要不你请客?带上老妈一起来?"

问过挑家老夫妻了,他们的馄饨叫什么名号。老夫妻回答:没有。那就姑且将其称为榆村馄饨吧。从市区坐 16 路公交车去榆村吃馄饨,7 公里的路程,城市和乡村的碰撞衔接,是简单或者是繁杂的往返。单单如此想着,就已经充满了尘俗烟火的诱惑了。你说,是吗?

后 记

编就书稿最后一章,已到了寒露为霜的时令,心中便涌起了《乐隐词》中的那种感觉:"短短横墙,矮矮疏窗,花楂儿小小池塘。高低叠嶂,绿水边旁,又有些风,有些月,有些凉。"

榆村自古山川灵秀、文风昌盛,历史底蕴极其深厚。为了留住乡愁,彰显传统文化软实力,激发人们爱祖国、爱家乡的情愫,我们编写了这本《灵秀榆村》,旨在抢救和保护传统文化遗产,宣传榆村乡独特的自然和人文资源,为振兴榆村旅游经济、促进社会和谐进步、打造一个充满活力的文化榆村而略尽绵薄之力。

本书力求文风朴实,言之有物,融可读性与史料性为一体,尽量做到雅俗共赏。

民俗是一种文化,虽不同于经史子集、皇家经典、宗教精华和文物精粹等传统文化,但它是中国文化的源头、底层和根基,是原生态的文化。民俗的功能无所不包:人们在贫困时借助它表达希望和要求,在富裕时又借助它表示喜悦和欢乐,它深深地融合于人们的生活之中。民俗的诱惑妙不可言:"入境而问禁,入国而问俗,入门而问讳",旅游与民俗联姻,自古以来都是一种时尚;"十里不同风,百里不同俗",魅力四射的民俗景观已成为人们猎奇览胜的热点。榆村的民俗风情淳朴婉约,这里的人们尤其重视节庆,注重民俗,在他们的心目中,生活不可无节日,节日不可无活动,活动不可无民俗;在约定俗成中欢度佳节,借以表现民心之盛、民风之淳、民生之富。于是,千姿百态的节俗便成为一道道亮丽的风景线。作为黄山市中心城区的后花园,榆村的民俗事象浩如云烟,本书有选择有重点地介绍一些时下仍在流行,或是近代方才湮灭的传统习俗,并且在行文时尽量做到资料翔实,对有些习俗不仅要知其然,而且还要问其个所以然,从古老文化宝库中寻觅到它的"基因"。为了较为真实地记录榆村的民俗,本书有关章节保留了一些尽管目前已不流行但历史上曾经有过的原生态习俗,目的不是褒扬、复旧,而是作为一种民俗文化遗存而加以整理,纯满足学术研究之需要。编者认为,无论良俗、陋俗,都有研究的价值。而研究的最终目的,在于移风易俗,建设人类精神文明,以推动物质文明的高度建设。在发展民俗旅游时,只有善于取其精华,摒弃糟粕,才能有点石成金、化腐朽为神奇的大手笔。

中共休宁县委常委、宣传部部长汪红纲先生拨冗为本书作序;黄山市影视资深美术师雷维新先生为本书设计封面;休宁县文联副主席倪受兵先生为本书的图片摄制跑遍了榆村的山山水水;在本书的编写过程中,编者跑了不少单位,采访了许多人士,参阅了一些历史资料,由于涉及面较广,恕不一一记述,在此一并致谢。由于编者才疏学浅、阅历欠广,再加上时间匆促,本书难免存在一些错误和缺憾,欢迎批评指正。

编　者

2015 年 10 月